偏差値70からの甲子園

僕たちは野球も学業も頂点を目指す

松永多佳倫

集英社文庫

目次

偏差値70からの甲子園

僕たちは野球も学業も頂点を目指す

第０限　まえがき

今は、〝偏差値〟がなんであるかは皆知っていると思うが、三〇年前はそうではなかった。

初めて耳にしたときはてっきり病気の名前かと思った。周りを見ても、中国の偉人と言うやつもいれば、どっかの地酒でしょと宣《のたま》うやつもいたほど、曖昧で不可思議な言葉だった。

かつてはバカがオチャメで許される牧歌的な時代もあった。

世間には〝○○バカ〟という呼び名がいたるところにあり、その中でも〝野球バカ〟は戦後プロ野球が大衆娯楽として地位向上したあたりから言われ出し、割と馴染《なじ》みの言葉でもある。

一九七〇年代前半、巨匠水島新司が描いた『男どアホウ甲子園』という漫画があった。主人公の藤村甲子園は野球名門校に落ちて吹き溜《ふだ》まりの不良高校に入るしかなかったが、自慢の〝剛球一直線〟をモットーに高校三年甲子園春夏連覇。その後、巨人ドラフト１位指名を蹴って、大学試験問題を作成するのが趣味という変テコな父親の協力と巧みなカンニング行為により東京大学に入学し、東京六大学リーグ戦で初優勝させ、念願の阪神に入団して活躍するというストーリー。漫画とはいえ、バカ丸出しで無茶苦茶な主人公に皆が共感し、熱くなったものだ。ちなみに『MAJOR』『ダイヤのA』『ラストイニング』『ストッパー毒島』にも共通するのは、ピッチャーが揃《そろ》いも揃って学校の成績が悪く、荒唐無稽のキャラクター。一言で言うと、バカってことだ。他のスポーツ漫画で主役級をここまで明らさまにアホキャラにするのは皆無であり、こと野球漫画のキャラ作りにおいては〝野球バカ〟というのがイメージしやすいのだろう。

一昔前は、勉強できるやつとスポーツできるやつの二極化が当たり前だったのが、今は勉強もできてスポーツもできる子が増えている気がする。それも真剣に甲子園を目指しながら東大も目指すトップクラスの文武両道の学生が増加している事実を踏まえると、人工知能が急速に進化しているＡＩ時代がパーフェクトを求めているのだろうか……。

進学校と野球強豪校を比べるまでもないが、選手層、練習の質量ともにレベルの段違いは否めない。それを効率よく独自性ある練習でカバーしているのが進学校の姿だと喧《けん》伝《でん》されている。進学校をフィーチャーすれば、決まって〝練習の効率化〟という言葉が頻繁に出て、さも強豪校より効率の良い練習をしているイメージだが、強豪校だって当然練習の効率化は進んでいる。全国から優秀な選手を集めてプロ野球球団並みの設備で、科学トレーニングからメンタルケアまで細分化された練習を朝から晩まで効率よくやる。

そりゃ嫌でも強くなる。

　十分な環境が整っていない進学校が短い時間内での練習の効率化を求められるのは確かだが、それだけで甲子園に行けるほど甘くない。プラスαがあるからこそ、進学校の躍進が目立っている。それが個々の意識であることは裏打ちされており、自己肯定感、自己有用感なのか、はたまた対応力や柔軟性なのかは人それぞれだが、確かなのは揺るぎない意思決定力と思考の深化だ。そんな一八歳の彼らの考えをもっと深く知りたいと思い、超進学校の取材を重ねた。

　偏差値70以上もある球児たちなら、高校野球が汗と涙が混じる淡い青春物語じゃないことくらいわかってるはずだ。これだけ情報が氾濫していればおおよそのことは見えてくる。そんな現状に躓《つまず》くこともなく、彼らはもっと先を見ている。勉強ができるということは高い集中力と理解力、卓越した分析力などの能力が備わり、常に未来を見据える〝先見の明〟という才能を持っているため、壁にぶつかっても多様性ある打開策を講じられる。前世代からの重要なるファクター〝根性〟と〝気合い〟だけでは乗り越えられない壁でも、彼らなら乗り越えられる。やはり偏差値70は伊達《だて》じゃない。

　有名なところでは、筋トレをするときに頭に思い浮かぶ理想像をイメージしながらするのとしないのとでは筋肉の付き方も変わってくるという科学的データがあるように、人間が持つ思考を顕在化することで無限の可能性が広がる。だから、一生懸命に勉強をしている子たちは柔軟な思考回路が構築されているため対応能力も半端じゃない。努力から成し得た能力の強みである。

　過当競争の中で最先端のトレーニングメニューを与えられて、それをこなしてレベルを上げていくプロ野球選手予備軍よりも、置かれた環境で効率化を求め、計画性を踏まえて考えたロジックで戦う秀才軍団のほうが魅力的に映ってしまうのはなぜだろうか。

　文武両道の球児たちは将来のリーダーを目指すため学業とスポーツを両立させているわけではなく、己の自己研鑽《けんさん》のもと、好きな野球を続けたいという意志を貫き、勉強でも一番を目指すのだから野球でも一番を目指す。負けず嫌いだから勉強も頑張り、野球も頑張る。いたってシンプルだ。

　集団に属していれば、人間は必ず〝やっかみ〟が生まれる。

　学校という集団行動から意識化された妬みや嫉妬が心の内を蝕《むしば》んでいく。野球強豪校はそれをバネにして上を目指していくのだが、文武両道の子たちは相手がどうのこうのじゃなく、まずは自分である。高度な知識を得て吸収するためには自分ひとりでやらなくてはならず、誰も助けてはくれない。それを身に染みて体現しているからこそ、自分の高みを追求することだけに没頭し、他人に対して負の感情が生まれてこない。頭と心の連動がうまくいっているからこそ人としてのあり方を常に考えることで他人を慮《おもんぱか》る気持ちも芽生え、チームワークがより強固になる。

時代はもはやハイブリッドに突入だ。

この文武両道の球児たちの姿こそがパーフェクトだとは思わないが、それでも新しい何かを形成している気がしてならない。オリンピックのメダリストを見ても、理知的なアスリートばかりだ。

頭脳明晰《めいせき》な球児たちから生まれるひたむきさ、強情、貪欲な思いは、すべての可能性を秘めていると断言していい。もう野球バカとは誰にも呼ばせない。

一八歳だからといっていつまでもクソガキだと思ってはいけない。彼らは敏感に世の中を見ているし、そこらへんにいる大人よりも歯を食いしばって理性的に生きている。経験値は低いが、思考回路は立派な大人だ。本書を読み終わったら、誰もがそう思わざるをえない境地にきっとなるはずだから……。

第1限　愛媛県立松山東高等学校

文経武緯
がんばっていきましょい

伝統と歴史

「チンチンチン！」
街中の喧噪《けんそう》を和らげるかのように、ベルを軽快に鳴らす路面電車が行き交いしている。街の中心にはこんもりした新緑の山があり、その頂上には名城の誉れ高い松山城が屹立《きつりつ》している。

松山市は旧城下町であり、中心街から10分ほどのところに日本三古湯と言われる道後温泉がある。四国最大の人口を誇る松山市だが、大都市にありがちな雑多感はなく、街の中心部を覆うほどの城山公園内の樹木の緑と、堀の蒼《あお》さのコントラストが眩《まばゆ》く映え、空を見上げれば瑞々《みずみず》しい青がいっぱい広がっている。テクテク歩くと、とても清々しい気分になる。自然の息吹きを感じさせる松山城から東に1キロのところに、伊予松山藩「明教館」を起源とする松山東高等学校がある。

卒業生には、歌人の正岡子規や司馬遼太郎の『坂の上の雲』の主人公である元海軍中将の秋山真之、ノーベル文学賞を受賞した大江健三郎らがいる。そして卒業生ではないが、夏目漱石が教壇に立った学校として知られており、敷地内にある藩校時代の学び舎《まなや》

「明教館」も現存し、今年（二〇一五年）のセンバツ甲子園に出場することが決定した当日、明教館内で監督、全選手で写真撮影をしている。

　二〇一四年の夏から松山東の勢いは止まらない。甲子園出場とはならなかったが、決勝まで進み、その勢いのまま秋季大会で準優勝。六三年ぶりに出場した四国大会では一回戦で鳴門（徳島）に2対5で敗れはしたものの、二〇一五年センバツ甲子園では二一世紀枠で八二年ぶりに出場。一回戦では優勝候補の二松学舎《にしょうがくしゃ》大付（東京）を5対4で破り、二回戦はこの大会で準優勝する東海大四（北海道）に2対3で惜敗。しかし、甲子園で1勝した実績はとてつもなく大きい。

「カキーン！　カキーン！」

　野球部のバッティング練習の音が小気味よく鳴り響く。

見ると、バッティングゲージ内から外野に向かって打っていないではないか。

　外野に向けて打つのが通常のフリーバッティングだが、ホーム側のネットに向かって打っている。いわゆる「逆フリー」だ。他の部活動と共有のためグラウンドの四分の一しか使えず、苦肉の策として「逆フリー」をあみ出したのだ。メリットとしては球拾いの時間が省け、数多く打てる点。守備練習が限られている分、「逆フリー」で打てるだけ打つ。

ノックは内野を左右で半分に分け、二人のノッカーが二人の選手に向けて打つ。あまりのグラウンドの狭さに口をあんぐりするしかなかった。

「こんにちは〜」「こんちは！」と男子生徒と女子生徒問わず、声を掛けてくれる。校舎内の敷地を利用してのランニングコースを何周も走っている部活が複数あり、すれ違うたびにまるで掛け声のように挨拶してくる。

松山東の放課後は、グラウンド、校舎ともに全力で躍動するかのように活気づいている。

憧れの甲子園

県下一の進学校ゆえに知能指数、偏差値も高く、他の高校生より当然、理解力はずば抜けていると言ってよい。

「理解は早いです。早いですけど、例えばゼロからスタートして100が到達点だとしたら、70ぐらいまでのところは、もうめちゃめちゃ早いです。問題は残りの30。やっぱり最終的に100までいかなくて80ぐらいで終わってしまうんです。テストでも同じです。満点を狙いにいくか、80点で満足してしまうのか……」

八年前から松山東を指揮するのは堀内準一監督（現・東温高校）。真っ黒な顔に厳しい目、でも笑うと屈託のない笑顔で周りを和ませる。

「最初の吸収はものすごく早いです。これは誰でもびっくりするくらいです。しかしそこからが問題なんです。まぁ練習量もあるんでしょうし……、そこを今はちょっと考えてますね」

結果が出ないときは、どうしてもギスギスしたりして、なかなかいい方向には進まない。采配を振るにしても、ちょっと周りの顔色を窺《うかが》うようなサインになったりすることもある。

「センバツ甲子園に行けて、ひとつの結果も出せたし、選手たちが黙々とやった積み重ねで、今は何も気にすることはないという気持ちで、すごくいい雰囲気ですね」

偏差値70もある進学校が甲子園に行けるということは、何か特別な練習があるのではと思われがちだが、別段何もない。前述したがグラウンドが狭いため「逆フリー」をし、内野を二つに分けてノック、朝練でしか外野ノックができずと、むしろ他の高校より劣悪な環境下でやっている練習風景だ。

二〇一五年センバツ甲子園では、〝偏差値70の進学校〟と大会前から話題となった。満足な設備のない中、いかにして県下トップの進学校が強くなってきたのだろうか。いろいろと質問を考えてきたのだが、堀内監督を見たら変に切り込むより、まずは甲子園の感想を率直に聞いてみたいと思った。

「もう野球をずっと続けてきたから甲子園は憧れでもあったし、あそこに行きたいっていう場所でしたね。甲子園球場を見て感動したっていうよりは、今までの自分の積み重ねであったり、チームの積み重ねであったり、いろんな人の協力であったり、いろいろな思いが去来してやっとこの場所まで来られたなっていう気持ちのほうが強かったですね」

野球をやる者にとって最初に目指す大きな目標が甲子園。誰もが目指し、憧れる甲子園を目の前にして、「別に大したことなかったですよ」と言うやつは絶対に本音で話していない。嘯《うそぶ》いて話すやつほど、他の人より感極まっているものだ。それほど、甲子園は大きくて偉大なのだ。

「子どもたちも高ぶるものは当然あったと思いますけど、緊張して地に足がつかないみたいな感じになるかなーとちょっと心配していましたが、それはなかったですね。堂々としてましたよ」

現代っ子なのか、緊張するよりも楽しみたいほうが優先するのか、甲子園のグラウンドに立って伸び伸びやる選手の姿を見て、むしろ頼もしささえ感じた。

甲子園後の選手たちの様子がどう変わったか知りたくなった。

「うーん、やっぱりもう目の色が違いますよね。甲子園というのは、人を成長させる場所というのは間違いないです。何をするにしても、心に余裕があるというか、自信が漲《みなぎ》っているというか。甲子園の後に練習試合がありましたけど、打てなかったやつが見違えるように打てるようになったりしましたね。結構、プライドが高いやつらで、甲子園に出たことで下手なことはできないという意識が、いい意味で働いているんじゃないですか」

　人を成長させる場所が甲子園。

　一度も会ったことのない親戚や、一度も話したことのない小学校時代のクラスメイトからも連絡がきてしまうほど、〝甲子園〟というものは自分たちが考えている以上に影響力が大きい。

「甲子園出場がいい方向に向かっていけるようにと、指導者としては考えていますけど。これが天狗《てんぐ》になるといけないですが、まぁそんな感じはないですね。天狗にさせるのは大人だと思います。この子たちのほうが純粋にやっています。甲子園から帰ってきた後のチャレンジマッチで今治西《いまばりにし》と対戦し、3対4で負けたんですけど、初回に4点取られて、『これはコールドになるなぁ』っていう直感もありました。そのあと追いかけて3対4まで持っていきました。負けはしましたけど、自信がついてるなぁって感じましたね。二年生、三年生が経験してたことを、一年生にうまく伝えられるかです。これからが大事でしょうから」

とにかく一度甲子園に出ることが大事だとよく言う。一度出てしまえば、どうやったら甲子園に行けるかがわかり、繋《つな》げて続く者が出てくるからだ。

「繋げていくことですね。こんな練習しかしてないですけど、それでも結果を出せました。こんな練習じゃ勝てんやろ、っていう先入観みたいなものを払拭してくれて、今の練習でも勝てるっていう気持ちに変わっただけでも質は変わってきますね」

甲子園に行ったことで、自信とプライドが養われ、さらに上を目指すため練習の質も向上していく選手たち。甲子園を経て得た自信とは何かが知りたくて、選手たちにすぐさま話を聞きたくなった。

エースと四番

何度も言うようだが、二一世紀枠で二〇一五年センバツ出場し、松山東は一躍全国の注目校となった。

今回の取材で、他の５校からよく質問されたのは、

「松山東さんはどういった練習をされていますか？」

「あそこの強みはなんですか？」

この二点を重点的に聞かれた。他の5校も当然、甲子園出場を視野に入れている。二一世紀枠で甲子園出場といえども松山東は1勝した。甲子園で1勝することがどれほど難しいことか、高校野球関係者なら嫌というほどわかるはず。

松山東の生命線ともいえるエースとキャッチャー。会った瞬間にすぐにわかった。彼らは、ただ単に進学校のバッテリーではなく、正真正銘の本物のバッテリーだということが。

メジャーからプロ野球、社会人野球、大学野球といろいろな野球があるが、ピッチャーとキャッチャーのバッテリーがしっかりしてさえいれば、野球になる。要するにセンターラインの盤石な固定だ。松山東を見てあらためて感じたことだった。

「なんだ、この圧!?」

会った瞬間に感じた。

ユニフォームがパンパンに張っている。見るからに全身がバネという感じだ。甲子園で投げた自信の漲りなのか、威風堂々とした姿。

「よろしくお願いします」

若干、顔にはニキビが残っていて、あどけなさが垣間見えるものの、堂々とした大人の面構え。

取材慣れした挨拶に、自分より三〇近く年下なのにこちらが圧倒されてしまいそうだ。二年からエースに君臨している亀岡優樹投手（現・愛媛大学）。精度の高い制球力と多彩な変化球を武器にチームを支える。クレバーな投手だと聞いていたので、最初はあえて甲子園のことに触れないような質問をすることにした。

――去年の夏は、レギュラー陣の中で二年生ひとり、他はすべて三年生だったからプレッシャーとか大変じゃなかったですか？

「いえ、そんなことはないです。三年生の方が良い人だったので試合に集中できました」

即答だった。

堀内監督から事前に聞いていたことを質問したのだが、何の反応も見せずの返答。答えひとつにしても決して弱みを見せたくないといったピッチャーの矜持《きょうじ》なのか、それとも本音なのか、顔をジッと見て観察したがまったく動じない。

「去年の夏の今治西戦で完封できたのが自信になったし、その勢いで決勝まで行けたんだと思います。そこで大きく成長できたんだと思います」

現在、三年生は九人、最後の夏に賭ける思いは皆同じだ。

――どうして松山東を選んだの？

「自分の将来を考えたら、大学の進学実績のある松山東かなと思って……」

――亀岡くんだったら、どこへ行っても大丈夫だったでしょ？

「どうかわからないですけど……」

ちょっと照れたような高校生らしい笑みがこぼれる。

「野球をやるつもりで入ったので、そんなに先のこととか考えてなかったですから」

ようやく肩の力が抜けた発言だ。

堀内監督が言うには、

「入学当初はずば抜けた感はなかったですけど、ちょっとモノは違ってましたね。線は細かったんですけど、その直球のキレと針の穴を通すコントロールはもう入学したときからすごかったです。亀岡は今でも、甲子園に行くために松山東に来たと言いますけど、やっぱり意識は高かったんだと思います」

直球のスピードは130キロ強といったところだが、やはり入学当初からモノが違ったのは言うまでもない。

グラウンドの脇で話を聞いていたせいか、下校途中の同じクラスの女子学生の何人かから「頑張ってね～」と小声で声を掛けられ、「おう、今取材中だから」と素っ気ない返事。当たり前だが、甲子園に行ったエースは学校内ではやはり羨望の的なんだとあらためて思った。

——勉強のほうはどうですか？

「あんまり勉強してないです。学校の休み時間を使って勉強したり……ですね」

野球と違ってちょっと自信のなさを露呈するもののすぐに、

「19時10分に完全下校で、何もないときは20時に家に着きます。ジムに行くと家に着くのは22時30分くらいになってしまいます。今は、筑波を志望してますが、野球で挑戦しようかと思っているんですけど、まだわからないです」

松山東に来た以上、文武両道でやるのは当然だ。しかし、今は夏に向けてどうレベルアップを図るかに集中したい。最後の夏を最高の夏にするために今は野球に集中したい
……そんな気概がみえみえだ。

「いろんな変化球を覚える器用さがあって、キャッチャーと相談しています。要は想像力がありますよね。いろんな球を自分で研究して、どんどんどんどんモノにしていく……普通のやつではツーシームの握りで投げてすぐには変化しないですよ。でもあいつはすぐモノにして一番得意なショットにしてますからねぇ。左バッターのツーシームは、絶対にゲッツーを取るって言ってます」

堀内監督が言うように縦、横に変化する二種類のスライダーとチェンジアップ、カーブ、ツーシームといった五種類の変化球を多彩に操る。

「自分の持ち味はボールの質で勝負し、緩急を使って打者に球速以上に速く見せていきます」

――球速の最高っていくつ？

「秋の大会で今治西戦のときに１４０キロが表示されました。でもその球場は5キロ増しと言われているので、実際は１３５、６。甲子園では１３５キロ出ました」

球速にはこだわらないと言いつつ、どこかスピードを求めている。投手にとってスピードガンは一種のバロメーターであり、速い球を投げたいという願望は投手であるなら誰でも持つもの。

ピッチャーとしての矜持を備えつつ、今現在、全国レベルで通用するためのスタイルを確立させたいという強い思いをひしひしと感じさせる。

見ている場所はたったひとつ、そこを目指すためにやるだけだ。

見るからに身体が違う。グラウンドに立っていてもひと際、目立つ。身長１８４センチという長身もさることながら、責任感ゆえなのか、自らの存在感を溢《あふ》れんばかりに出している。

四番キャッチャー、キャプテンの米田圭佑《けいすけ》選手（現・早稲田大学）。

センバツ二回戦東海大四戦では、初回にツーランホームランを放っている強打者。

一昔前のがんばれがんばれドカベンタイプではなく、手足がすらっと長く、端整な顔立ち、強いて言えば、阪神タイガースに入団したての田淵幸一という感じ。

「おら、声出して行けや！」「おいおい、そんなんじゃ勝てねえぞ！」

グラウンドでは声がよく通る。

――甲子園のホームランはどうでしたか？

「甲子園で打ったホームランは記憶に残っていますが、今はもうなんでもないです」

予想通りの答えだが、言い方に澱《よど》みがない。

――練習メニューは米田キャプテンが決めるの？

「毎日、昼休みにその日の練習メニューを提案しにいきます。監督さんにＯＫをもらったら、そのままいく形です」

――夏への目標は？

「個人的にはキャッチャーのスキルを上げていかないと上では通用しないので、バッティングに関しても根本的にもう一度修正したいです。チームとしてはもう一回守備を固め直すのと、課題のバッティングも下位が上位に繋げられるような打線になっていかないと、勝ち進んでいけないと感じています」

堀内監督自らが〝助監督〟と言うほど全幅の信頼を置いているだけあって、少しも詰まらず、自信満々にスラスラと答える。短い質問を投げかけるときでも噛《か》んでしまう私は、なんだか自分がやりきれなくなった。

「米田は身体が大きいですけど、どっちかっていうと不器用な子。一学年上にいいキャッチャーがいたので、ずっと二番手キャッチャーな感じであまり試合に出られなかったんですよ。ちょうど一年前の四月くらいからファーストもやりだして、ファーストの二番手としてベンチに入ってました。去年の夏は一回戦、二回戦、三回戦と米田を使わずに勝ち進みました。米田がずーっと出してくれ、出してくれーって僕の前でバットを振ってアピールするんです。準決勝で相手が左ピッチャーで愛媛県では左腕ナンバーワンということもあって、米田を先発で使い大活躍し、米田で勝ったようなものです。新チームになってキャッチャーに戻しました」

中学校の指導者からは、足首と股関節が硬いため高校では厳しいんじゃないかと伝えられていたが、杞憂《きゆう》に過ぎなかった。

「こいつのキャラは変わってましてね、中学校から高校に上がるときに、『僕はどうしても甲子園に行きたいから松山商業に行きます』と言っていたんです。松山東に入れる学力を持ってて、今治西に行ったのは何人かおったけど、松山商業に行ったやつは聞いたことない。親や周りの先生の説得で、進路を最終的に松山東に変えたんです」

甲子園に行きたいという意識は誰よりも高い。中学三年の夏休みに松山商業に体験入学しに行き、ホームランを打ったほどの逸材。

米田が中学三年のときに、昨年夏に準優勝した代の一年生大会で松山東対松山商業が行なわれ、6対3で松山東が勝った。「松商行かなくても松山東に行っても十分ええぞー」と思い直し、大学進学等で将来の道が大きく開ける可能性がある松山東を選んだ。

――甲子園では何を学びましたか？

「甲子園ではひとつになるチームが強い。勝つイメージが湧きました。勝てるイメージがあると勝てる、準備することが大事ということがわかりました」

米田選手の目線は常に先を見ている。現状に満足せず、今何をしなくてはいけないのかを模索しながら上を目指してやっている。

「なんていうか怪物というか、ものすごいリーダーシップで選手を引っ張っていきますからね」

堀内監督がしみじみ言っていた言葉が蘇《よみがえ》る。

そう簡単に甲子園でホームランなんか打てない。やはり、何かを持っているやつでないと、甲子園では活躍できないんだとつくづく実感した。

仕事でも勉強でもいかに効率良くやるかが鍵となる。

不動のトップバッター清水智輝選手（現・岡山大学）の勉強方法を聞いて、一瞬言葉を呑《の》み込んでしまった。

「一日三時間くらいやっています。家には20時前に着きます。今はすぐ寝て朝2時に起きて5時半まで勉強しています。いろいろ試したんですけど、朝早く起きて勉強したほうが効率いいのかなと思ってやっています」

思わず、「お豆腐屋さんみたいな生活だね」と言って笑わせたが、正直感心した。清水選手は、いろいろな勉強の仕方を模索した結果、朝早く起きてやることが一番集中できることに行きついたのだ。私なんか、齢《よわい》五〇近くになってやっと午前中が一番集中できるとわかったのに、一八歳でわかるなんて……、こうやって人間は差がついていくものなのだ。

「理工学部か工学部に行きたいです」

三年生の野球部員の中でも一、二を争う成績であり、野球もトップバッターとしてもっと出塁を増やしたいと貪欲な姿勢を見せつけてくれた。

二年生の三好康介選手（現・愛媛大学）は、とにかく努力家だ。出身中学は愛媛大学教育学部附属中学で、毎年70、80人が松山東に進学している。

「一日二〜三時間勉強します。基本、練習が終わったら毎日塾に行っています。19時20分くらいに塾に着いて21時30分まで勉強します。22時からは一時間ちょっと素振りしてます。毎日五〇〇回振っています」

前は30分で五〇〇回という目標を掲げ、あくまでも振ることで筋力を付けることを意識していた。今は、フォームを固めながら五〇〇回振ることを考えている。

「母はいつも朝の弁当を作ってくれて、とても感謝しています。母には5時30分前に起きて弁当を作ってもらっているので迷惑を掛けています」

親に感謝しているという言葉がさらりと出てきた。

自分ひとりではなく、みんなの協力があっての自分の存在ということを一八歳でわかっている。社会人になって少し実績を残すと、勘違いをする大人が続出する。すべて自分のおかげだと。どんな仕事でも自分ひとりで成立するものなどひとつもない。高校時代というのは、社会、学校への反抗心、反発心も旺盛なため〝俺が俺が〟という気持ちが前面に出がちだが、野球というスポーツを通じて仲間との協調性、連帯感を学ぶ。三好選手を見れば見るほど、〝純粋〟という言葉がそのまま当てはまる感じで、大人の腐れ切った汚れを洗い落としてくれるような清廉さがあった。

名門松山商業の影

愛媛といえば、なんといっても松山商業。

甲子園通算80勝、夏優勝5回、春優勝2回の名門中の名門。

数多くのプロ野球OBを輩出しており、殿堂入りOBも多い。

指導者はもちろん、選手たちに聞いても「松山商業と試合するのはやはり意味合いが違う」と口々に言う。堀内監督もこう言う。

「松山商業と試合するときはやはり襟を正しますね。僕にとってはもちろん、高校、大学の監督が恩師なんですけど、高校野球の監督に携わってからは、やっぱり済美の上《じょう》甲《こう》監督にいろいろと教えてもらいました。勝負に関して徹底しているというか、本当に勝負師で、妥協は絶対許さない姿勢がありました。反面、結構考えていることも多くて緻密です。ひとつは上甲スマイルにあるように、選手の操縦術が上手《うま》い。こんなことせーよ、あんなことせーよという言葉ではあまり教えてもらわなかったですけど、後ろ姿を見て学ばせてもらいましたね。宇和島東のときに上甲さんも松山商業に勝てなくて……1点を取るような昔の松商野球じゃなく、打撃に力を入れた野球を目指しました」

上甲正典（享年六七）は、一九八八年（昭和六三年）のセンバツで宇和島東を初出場初優勝させ、二〇〇四年のセンバツでも済美を初出場初優勝させるという、センバツ史上初の二度にわたる初出場初優勝の偉業を達成している。甲子園出場17回、通算25勝、優勝2回（一九八八年春、二〇〇四年春）、準優勝2回（二〇〇四年夏、二〇一三年春）という高校野球界きっての名将だった。一九八四、八六年に宇和島東の監督として愛媛県決勝まで導いたが、奇《く》しくも松山商業の後塵《こうじん》を拝した。松山商は、守りの野球でいわばセオリーに忠実。例えば、ピッチャーが0―2（ツーナッシング）と追い込んだら、次の球は決まって内へボール、次は外へスライダーといった野球をやる。同じ土俵では勝てないと思った上甲は、守りの野球に対し攻撃野球としてパワーを求め、一時代を築いた。

　プロでもアマでも打撃のチームを作るのは難しい。特に、進学校はそのとき集まっている選手のチームビジョンにもよるが、基本は守備を重視したチーム作りに徹するしかない。守備重視といっても、いいピッチャーがいることが基本。当たり前のことだが、いいピッチャーがいないとチーム作りは難しい。

　私立についての意識も聞いてみた。

「全国的には私立が強豪っていうのがあると思うんですけど、幸い愛媛県の場合は、最近になって済美とかいろいろな私立が出てきましたが、松山商業がリードしてきたということもあって、県立が私立に対してひけをとっている感はあまりないんですよね。この間、甲子園に行ってみて初めて気が付いたのは、ウチは特殊なんだなっていうのがわかったような感じがしたことですね。県立高校は本当に恵まれなくて、いろんなところで一生懸命やっていきながら甲子園を目指していくっていうのが、愛媛県の場合は当り前みたいになってます。大阪に行くと、もうボーイズリーグや、シニアの子は有名私立の争奪戦がある。県立高校の場合は、軟式出身の子が多いという話も聞いて、そこまで色分けされてるんだなーっていうのを、甲子園に行って実感しました」

　愛媛にも当然、ボーイズ、シニアがあり、有力選手が済美や新田《にった》に集まっていた時期もあるが、今は明徳義塾や大阪桐蔭《おおさかとういん》と、県外へ行ってしまう。ボーイズ、シニアリーグの監督が、明徳の出身だったりすると、必然的に流出ルートができてしまう現状がある。逆に愛媛に魅力のある私立がなくなっているとも言える。

「確かに私立は、いい選手を獲《と》って、名前のある監督さんがいて、すごい設備があって、甲子園に行きたいっていう目的意識がはっきりしている子が集まっている。ここなんかはその逆で、勉強をやりながら野球も一生懸命やっていき、目標は甲子園ですけど、県大会から一戦一勝でやっていく。甲子園に行かないとアウトっていうことじゃなくて、勉強をやりながら野球も一生懸命やっていくというところに意義を持っていきます。今年で八年になるんですけど、愛媛の中でもいわゆる強豪と言われているチームが、済美であったり、宇和島東であったり、松山商業であったり、新田とか川之江とかがあるんですけど、どうやって勝つか。県大会の一回戦で当たって負けるときもあれば、二回ぐらい勝って三回戦で当たるときもある。それでも接戦にはなるんですけどやっぱり負けるんですよね。そういう状態が続いて……そこをどう打破するかっていうことで、独自性みたいなものを探してました。同じことをやってたらいけないっていうのが常にありましたね」

〝独自性〟と口では簡単に言えるが、それを確立することが困難だ。特殊な練習方法をすることが独自性なのだろうか。一風変わった練習をやらせることはできるが、それが身にならない限り、指導者の自己満足で終わってしまう。何も変わったことをやること

が独自性ではない。選手たちが考える野球と、指導者が思う野球が一致することこそが、独自性なんだと思う。

甲子園で1勝

高校球児であれば誰でも甲子園を目標に挙げる。それが現実的か非現実的かで高校野球生活は大きく変わる。ましてや甲子園で1勝することは、今後の人生にも大きく影響してくると言っても過言ではない。

松山東の二〇一五年のセンバツ甲子園の初戦は、二松学舎大付と対戦。この対戦は、〝坊っちゃん対決〟として話題となった。

松山東は、夏目漱石の小説『坊っちゃん』の舞台として知られ、俳人、正岡子規が野球部の創部にかかわった歴史を持つことはマスコミ等で喧伝されていた。実は、対戦する二松学舎も、原点となる「漢学塾二松學舎」で夏目漱石が少年時代に学んだことがあり、少なからず縁があるということで夢の坊っちゃん対決となったのだ。

とはいえ、二松学舎は一年夏から甲子園の舞台を経験しているエース大江竜聖投手（現・巨人）、キャッチャー今村大輝選手（現・明治大学）のバッテリーと強力打線で優勝候補にも挙がっており、格上の相手。

堀内監督に二松学舎と対戦が決まったときの心境を聞いてみた。

「初戦が二松学舎でよかったという言い方は失礼なんでしょうけど、同じ東京のチームでも帝京とか早稲田実業、日大三高が出てきてたら、もう名前負けしていたと思います。二松学舎のデータをいろいろ調べていたら、結構ウチと似たような雰囲気があると思いました。レベルは上なんですけど、多分そんなに大差はつかないだろうっていうイメージが湧いたんですよ。これが日大三高だったら0対15もあるかなって思ったんですけど、調子さえ良ければ10点以上取られないという実感はありました」

試合の序盤で2、3点を取られたら危ないと思っていたが、三回まで0対0でいったため、とにかく先に仕掛けるしかないと思った堀内監督。ゲームプランとして最初に考えている作戦をどんどん出していった。

塁に出ればスチールを敢行したりと、先手先手で仕掛けていった。松山東の勝ちパターンはあれしかない。先取点は絶対必須だと思っていたら、四回無死満塁でピッチャー亀岡のライト前ヒットで1点。これで満足するのではなく、どんな手を使っても2点目をもぎ取らなくてはいけないと思い、どうせ打たせても点は取れないし、運良くスクイズができる選手に回ってきたこともあって、スクイズを決行した。もし打順がひとつでもズレていたら、スクイズをしたくてもサインは出せなかったという。そのすぐ裏にソロホームランを打たれはしたが、六回に連打で2点追加し、結局5対4で逃げ切った。

「ウチとしてはこれ以上ないという勝ち方をしたんですけど、最後の九回はドキドキものでしたね。ここで勝って校歌を歌うのか、それとも逆転サヨナラ負けして、ようやったーと言って校歌を聞かずに終わるのか……最終回のときは甲子園で腕を組みながら、自分の運を試そうという気持ちでしたね」

最終回、点差はたった1点。先頭打者をピッチャーゴロでワンアウト。次のバッターも簡単なショートゴロかと思いきやエラーで1死一塁。ここは一呼吸を置く場面。タイムをかけ即座にマウンドに集まるナイン。そして、代打で出てきた打者をセカンドフライでツーアウト。

トップバッターに戻り、初球、ピッチャーゴロかと思いきや、ピッチャーの亀岡が弾き、2死一、二塁。一打同点、長打で逆転サヨナラの緊迫した場面であったが、亀岡は粘り強く投げ、次打者をセカンドゴロに仕留めゲームセット。

「まぁ勝てるチャンスは、一〇回試合したら多分一回だけだと思います。練習試合やったら何回やっても勝てないでしょう。一発勝負であり、また甲子園という場だから何かが起こる。やっぱりチャレンジャーなんですよね。向こうは勝たないかんけど、こっちは勝たないかんことはない。負けてもともとなので、そういう捨身の強さってやっぱりあると思います」

とにかく、試合に臨むにあたってできる限りのことをした。宿舎ではメンタルトレーナーから一、二時間かけてリラックスする方法の話をしてもらったり、伸び伸び試合をさせるためにシミュレーション的なことを何回も何回も繰り返したりするなど、いろんな手を尽くした。

「センバツ前はマスコミで取り上げられてたんですけど、一〇人の三年生がベンチから外れたんで、なんかさせなきゃいけないと思って、データ班を立ち上げたんです。データの分析だけをずーっとやれって。全然大したデータじゃないんです。他の強豪はもっと細かいデータを取得していると思うんですけどね」

実は、松山東という秀才軍団がデータ分析しているということで、かなりの分析力に違いないという心理的要素も手伝って相手の警戒心が半端なかったらしい。

「実際は、めちゃめちゃシンプルなんです。シンプルじゃなかったら試合で対応できないでしょう。二松学舎のときは一回牽制《けんせい》きたら、二回牽制はこないだろうとか。そんなことないやろーなんですけどね」

届いたデータを信じ込んで選手たちはゲームに臨んだ。二松学舎のピッチャーの大江がストレートで首を振ったらスライダーがくるというデータを選手たちは信じ、見事打ち返したのだ。堀内監督に言わせれば、たまたま当たったデータだと。でも信じる力はある意味強い。疑ったらダメということだ。さらに試合が始まると、およそ四〇〇〇人の大応援団が集結したことで、アウェーではなくてホーム感覚の空気になったことも幸いした。準備に準備を重ねた結果の勝利であった。

指導方針

今の進学校は、七限目までは当たり前、〇限目と称して朝の7時台から授業を開始するところもある。詰め込み授業とは言わないまでも、補習をすることで受験対策に向けた授業を展開している。

「〇限目はないです。松山東は補習授業を嫌う学校なので、土曜とか日曜の補習とかはありません。昔の伝統が残っており、授業は六限のときと七限のときがありますけど、あとは解放している感じです。ここ数年、学力が落ちてきてるから、進路課の先生はもうちょっとやらせたいと言いますけど。でも、それをやってしまうと松山東ではない、とみんなが反対しています。ある意味、これが松山東の魅力でいいですね」

月、火、木曜が七限で16時30分まで授業、そこから練習となる。練習開始時刻が大体17時となり、完全下校が19時10分なので二時間ほどしかできない。

グラウンドはサッカー部やハンドボール部との共用グラウンドなので、月曜日から金曜日までは内野部分の広さしか使用することができない。外野部分を使うとなると、土曜日か朝練しかなく、時間は限られている。そういった環境下で、いかに試合、実戦を想定した練習をするか。

「僕が八年前に来たとき、選手も少なくて質もちょっと落ちたときがあって、夏の大会四年連続一回戦で負けてます。表面上は低迷しているように見えたんですけど、中身は少しずつ少しずつの積み重ねはあったんです。もう当たり前のことをコツコツコツコツ、とにかくやっていっただけですけどね。そうすると、チームカラーもちょっとずつ変わってきて、チームカラーに合った子が中学校から入学してくるようになりました。まぁちゃらんぽらんな野球をしてたら、ちゃらんぽらんな子が入ってくるようなもんです。チームカラーを先に作った感じです。ひたむきにやるという感じに大分変わってきて、当初は正直県でベスト8、ベスト4を狙おうっていうぐらいのイメージだったんです」

そして、二〇一二年、満を持していい選手たちが入部してきた。〝絶対にここで甲子園行ってやる！〟という意気込みで入ってきたやつらばかり。今までの積み重ねをこいつらで昇華できると、堀内監督も例年になくやる気に満ちた。しかし、落とし穴はすぐに待ち受けていた。

「確かに、いいメンバーが入ってきました。でもなぜこの学校を選んだかっていうと、彼らなりの目算があったんです。二一世紀枠に近いからです。四国大会に出場して優勝しなくても選ばれる可能性が高い学校というイメージがあったんでしょうね」

なにがなんでも勝ち進んで甲子園っていうわけではなく、文武両道である松山東だからこそ二一世紀枠を狙える学校ということで入部してくる子どもたち。それを一概に打算と決めつけてしまうのは酷だ。甲子園に出場する方法として、今までは夏に勝ち進んで代表校になるのと、秋のブロック大会で優勝に準ずる成績で春のセンバツに選ばれる方法しかなかったのが、二〇〇一年から二一世紀枠が設けられた。そもそも二一世紀枠とは、秋季都道府県大会において参加校数が129校を上回る都道府県はベスト32、それ以外の県ではベスト16以上の学校を基準とし、恵まれない環境、地域に良い影響を与えているなどの理由で認められた高校が選出されるという枠。いわば宝くじみたいなものだ。最初から狙って取れる枠ではない。勝ちにこだわってこだわって、最後ご褒美を貰《もら》えるというくらいに考えないといけないものでもある。

「その子たちの代の秋の大会でやっぱりうまくいかないんです。二一世紀枠という邪念があってかコロッと負けて、チームも崩壊寸前っていうところまでいきました。夏までモチベーションはまったく上がりませんでした」

堀内監督も入学当初から期待をかけ、松山東で歴代最多となる二七人の世代が三年生になり、チームも持ち直した。当時のキャプテン村上貴哉《たかや》選手（現・明治大学）が三年生をひとつにまとめた。

「来る学校間違えたんじゃないか？　というほどのポテンシャルで、明治のセレクションで甲子園組がいる中でも一番足が速く、受かりました。指定校推薦で受かるやつはいても、セレクションで受かるやつはウチの学校ではいません」

堀内監督の言うことよりも村上の言うことなら聞くというほどのカリスマ性を持ったキャプテンで、173センチと小柄ながらもボーイズ時代から愛媛の野球関係者には知れ渡っていた存在である。50メートル走は5秒9、一塁駆け抜け4・1秒切りの俊足、「三歩跳び」では「2メートル90センチ」と破格の記録で、走攻守揃ったショートストップ。彼を中心に、二〇一四年の夏は六三年ぶりに決勝進出。

「正直、決勝は余力がありませんでした。亀岡が二年生でエースでしたが、もうヘロヘロでした」

堀内監督は決勝に行ったものの、甲子園があと一歩とは感じなかった。むしろ甲子園の難しさを痛感した決勝だと思ったという。しかし、スタンドで見ていた当時の二年生たちは違った。

「決勝まで行ったことによって、『あと1勝で甲子園、甲子園って行けるんやないか!?もう一歩じゃないか』と選手たちが思ったんです。県大会の決勝戦までの間をスタンドでずーっと見て、俺らでもやれるっていう自信がついたんです」

遠い遠い存在だった甲子園が、実はあと一歩で手の届くところにあると感じた選手たち。

松山東に入る子たちは、一生懸命勉強して入ってきている子たちなのでもともと集中力や自主性はある。練習にしても、この狭いグラウンドでどういったことができるのだろうと半信半疑だった思いが、決勝まで行けたことによって自分たちのやってきた練習は間違っていなかった、やったことは報われるんだという自信に繋がり、選手たちが持っている良さがどんどん出るようになった。

学校側も勝ち進むにつれて全校応援の態勢を取り、スタンドでも相手チームを圧倒し、学校全体で総力戦となった。四年連続一回戦負けのときは外野からもいろいろな声が上がったが、地道にコツコツコツコツ一生懸命にひたむきにやってきたおかげで、チームに地力がついたのだ。

「個性が強いやつらが多いので、例えばミーティングをしていても、いろんなやつが意見をバラバラに言えば収拾がつかなくなります。僕が現役の頃は収拾がつかなかったことが多いんですよ。あの頃は監督がバーンとひとつのものを出して、あとはそれに従えっていう感じでやっていたんですけど、うまくいかなかったです。やっぱり話し合いを増やしてでも、自分たちで考えて決めたことに従えって。ある意味、子どもたちに預けちゃいます。やっぱり頭がいいから、いいミーティングしますよ。今年のチームなんか、僕がこういうふうな話し合いになってこういう結論になってくれたらやりやすいなぁ、一番いいよなぁと思ったとおりに大体はなっています」

大人が決めたことを子どもたちにやらせるのは、確かにてっとり早い。しかしだ。それはあくまでも子どもたちの意志ではなく、どんな素晴らしい提案であっても作業にしかならない。子どもたちの自立を促すためには、どんなに時間がかかっても自分たち自身で考え、納得したうえで決定事項を出す。

「例えば朝練をどうするか、全員で強制的にやるのか、それとも来たいやつだけやるのか、何時からやるのか、いろんな考え方があって、『まぁ、ちょっと話し合ってみろ』って言うと、『朝練に来たら睡眠時間が減るので身体作りができないと思います』と屁《へ》理屈《りくつ》こねるのもいるし、いろんな考え方がそこに集約されて、最終的にはチームの状態がいいときは『よし、やろう！』となり、逆にチームの状態が悪いときは、『やっぱりやめます』ってなりますね」

年代によって集まる選手の質が変わってくるので、チーム作りといっても一概に言えないが、いいチーム作りができたときは、こちらが何も言わなくてもキャプテン主導のもと、監督の考えと一致するもの。

「選手の自主性に任せて試合運びができることが理想です。今の学校教育の概念にも通じてます。自ら考えることができて、自ら問題解決ができる教育理念と同じだと思うんです。そういう面から言うと、多分ウチの選手は愛媛ではナンバーワンだと思います。選手同士で考えて選手同士で問題を解決しようとするし、当然試合でもそういう選手は強いです。練習試合は弱いけど、本番になったら強い。監督がゲームプランを描いて試合に入るとき、こういうふうになっていったらいいなぁという理想の形があるんですが、ダメなチームのときは自分から崩れてガタガタになってしまったりします。しかし、いいチームのときは、それなりにゲームプランに乗ってやりながら自分で考えて、『このピッチャーのストレートはこんな感じでこうや』『配球はこうやな』と選手同士で勝手にやりだします」

松山東の校風から選手の自主性を生かした野球が培われている気がしてならない。それが伝統でもある。だから練習メニューも選手たちで決める。

堀内監督が就任当初は、ガチガチとは言わないまでも型にハメた練習をしてきた。選手の自主性にまかせた練習は規律がなくなりがちなため、一度ダラダラしてしまうと修正が利かない。それを避けるために徹底した指導をする。同等か格上チームには勝つのだが、なぜか格下チームにコロッと負ける。要するに、自分たちが自立していないため格下チームだと思った時点でナメてかかるのだ。その気の弛《ゆる》みが隙となり、気付いたら負けていた。その繰り返しである。

ゲームを作るのは選手自身であり、やらされている練習ばかりだと自主性が育たず、いわば選手の個性を殺すことになる。堀内監督は、ある意味彼らから学んだのだ。

そして、堀内監督が選手たちに最も気付かせたいのは、時間の使い方。効率よく行動すれば、自分自身を律して鍛えることもできる。そのためには見えない部分での積み重ねを率先してやり、うまく機能させること。表面上でカッコつけてやるよりも、水面下での人との触れ合いや感謝の気持ちを大事にする。野球人の前に、ひとりの人間であることを決して忘れてはならない。

藩校の流れを汲《く》む名門松山東。たとえ歴史的動乱に巻き込まれてすべてを奪われても絶対に奪われないものがある。いくら社会の仕組みが不平等に変わろうと絶対に変わらないものがある。教育とは普遍的であり、代々受け継がれていくものだ。いい大学に入るために名門校に行くのではなく、何十年も築き上げてきた〝誇り〟を纏《まと》うことで人生の価値観が豊穣になり、人間的成長を促すために名門校があるのではないだろうか。

どんなに野球が上手くても、どんなに頭が良くても、人が人である限り、それ以上でもそれ以下でもない。絶えず他人を気遣い、感謝の心を持つ。たくさんの大人が口を酸っぱくして言ってきたが、この当たり前のことができない人間がこの世の中異様に溢れている。だからいつの時代でも争いが終わらない。

人が人を作るのではない。自分で考え、律し、成熟して行くのだ。そのためにも、どんな世界でも探求できる視野と的確な認識と状況に動じない優れた感性を持ち合わせた人間に成長していく学び舎が、松山東である。

第2限　熊本県立済々黌高等学校

正倫理明大義
重廉恥振元氣
磨知識進文明

名門の誇り

「ん……、せいせい……」

〝済々黌〟

もちろん、読めなかった。

熊本にある名門進学校〝済々黌〟。〝せいせいこう〟と読む。

一八七九年（明治一二年）創立という、県内最古の歴史を誇る。

校名の「済々黌」とは、中国の最古の詩集『詩経』の一節にある「済々たる多士、文王以《もっ》て寧《やす》んず」が由来で、人格、人徳、学識に優れた者を指す「多士済々」の済々である。〝黌〟は学校を意味する。

ＯＢには、日本取引所グループ最高経営責任者の斉藤惇《あつし》、政治学者で東京大学名誉教授の姜尚中《カンサンジュン》、野球界では元広島監督の古葉《こば》竹識《たけし》など、政界、学界、財界と幅広い分野で優秀な人材を輩出している。

熊本といえば、〝肥後もっこす〟と、さらに私の年代だと今やクイズ女王のイメージが強い女優の宮崎美子《よしこ》と斉藤慶子の二人が思い出される。

宮崎美子は熊本大学在学中に『週刊朝日』の表紙を飾り女優デビュー、斉藤慶子も同大学在学中に「ＪＡＬ沖縄キャンペーンガール」に選ばれ芸能界デビューと、熊本大学には美人がたくさんいるものだと思っていた。どうでもいい話ですまんこってす。

「別に特別な練習をしているわけではないので、取材に来てもどうですかね……」

電話口の第一声がこうだった。

謙遜して言ったというよりも、本心で言っているように思えた。

他の高校はほとんどが好意的に取材承諾という感じだったが、済々黌だけは難色を示しているように感じた。『偏差値70からの甲子園』というタイトルから窺えるように、文武両道の学校をアピールしたいという大義名分がある以上、学校側からＮＧは出ないだろうとタカを括《くく》っていた矢先の出来事だった。まさしく驕《おご》りだ。

取材をさせてもらう立場なのに、取材されて嬉《うれ》しいんじゃないですか的な、ノンフィクションライターにとってあるまじき行為を見透かされていたのかもしれない。

頭がどれだけ悪かろうが、心を入れての謙虚な姿勢は誰にでもできる。

もう一度襟を正して取材を申し込むと、快諾してもらうことができた。

グラウンドに行くと、バックネット後方には一九五八年（昭和三三年）第三〇回センバツ優勝を讃《たた》えるモニュメントと、過去一一回の甲子園出場したすべてのメンバーを刻んだレリーフが、現役選手を見守るように立っている。九州で初めて甲子園で優勝した学校でもあり、最近では二〇一二年夏、二〇一三年春に二季連続甲子園に出場し、春夏通算一一回甲子園に出場している名門だ。

グラウンドで監督が内野連携のノックをしている。

練習の邪魔にならないよう、いやむしろ気付かれないように隅っこで練習を見ていた。

「おいおい、もっと突っ込めるぞ！」

乱射のようにノックを内外野に打ち分ける。

「カキッ！」

キャッチャーフライが一直線に空を切り裂くように高々と舞い上がり、ノックが終わった。

一礼をして、バックネット裏の監督室へと向かった。

部屋に入るなり、監督が急いで机の上を片付け、缶コーヒーを差し出し、

「どうぞ、お掛けください」

色黒で見るからに精悍《せいかん》な面構え、少し気難しさが漂うが声のトーンは想像していた以上に柔らかく、少しだけ安堵《あんど》する。取材の申し入れの経緯もあり、ここは慎重に失礼がないよう取材をしようと心構えをする。取材は失礼のないようにすることが基本だが、

つい話の流れで調子に乗り地雷を踏むことが度々ある。むしろ、わざと地雷を踏んで相手の出方を見る傾向さえあるので始末に負えない。

緊張の面持ちで、恐る恐る話を伺いたい旨を話すと、

「はい、大丈夫ですよ」

意外にも、ざっくばらんな雰囲気だ。

自分が思い描いた印象と違い、胸を撫《な》で下ろす。

「就任した当初、僕らが高校時代にやっていたような流れを汲んでいたので、別段新しい取り組みはなかったかなぁ。ただ当時は、二年生が上手かったので、二年生を中心に試合に使って、三年生がほとんど出る幕がないような状況を作ってしまい、選手や保護者からの反発がすごく、生徒の気持ちを本当に考えてなかったのかなって反省しています」

二〇〇一年に二八歳で監督に就任した池田満頼監督。今回取り上げた高校の中で、唯一の教員ではない外部監督であり、また現役時代の一九九〇年、高校二年生のとき済々黌でキャッチャーとして夏の甲子園にも出場している。その後、慶應大に進学し野球を学び、卒業後銀行に就職していた池田監督は、済々黌元監督の恩師末次義久から母校の監督をやるようにと要請を受けた。末次は紫紺の大優勝旗が初めて関門海峡を渡った一九五八年第三〇回センバツ大会で優勝したときの主将であり、済々黌大物ＯＢ。恩師の

要請に、首を横には振れない。

池田監督の恩師にあたる末次が監督だった時代は、基本ミーティングをやらず、試合前に言うことは「当たり前にやれ」の一言。夏の大会のときは「おまえら体力がないんだから休んでおけ」と言い、本当に休みにしてしまう。選手たちはいてもたってもいられず自主的に練習していたほど、完全放任主義だった。

池田監督が就任した当初は、どうしても結果を求めがちになり、チームを掌握する前にてっとり早く実力のある選手を起用した。しかし、まだチームに自分の存在を浸透させていないため、目に見えないほころびが生まれ、チームがまとまらない。

「試合に出られない三年生が、ふてくされるじゃないですけど、『来たばかりでなんなんだ、こいつ！』といった感じで見ていたと思います。選手との信頼関係の大切さを教えられました。まだ若かったし、幼かったですよね。結局、その夏は三年生が代打で出て同点打を放ったりと、三年生の力を見せつけてくれました。最後の夏に賭ける思いっていうのが打席に出るのかなと思いました」

選手との信頼関係を取り戻した池田監督は、練習メニューにおいても強制的にやらせるようなことをしなくなった。選手たち自身で考えたメニューをやるときもあるし、大会に合わせて今週はここを強化したいと思ったときだけは池田監督自らメニューを考案する。

練習時間は、六限授業のときの15時40分から20時までの四時間がMAX。私立に比べたらやはり少ない。あれもこれもやっていたら時間が足りないので、私立と対等に戦うためには自分たちが優れている所を徹底して強化するしかない。決して特別な指導や技術的な指導があるわけではない。

練習試合で弱点を見つけたときは、その弱点を重点的に練習するなど、徹底させることを第一としている。徹底して継続できることが、済々黌の強さである。

ドカベン・ルール

済々黌は、頭脳プレーができるチームというイメージがある。あるプレーを発端に、そのイメージはさらに強くなった。

二〇一二年八月一四日付のスポーツ新聞は、「ルールブックの盲点」という見出しをつけ、これが各方面で取り上げられ話題となる。

「ルールブックの盲点」とは、甲子園大会六日目の一回戦済々黌対鳴門でのあるプレー。焦点となったのは、七回裏、済々黌の攻撃、1死一、三塁の場面。バッター西選手の打球がショートの頭を抜けるヒットかと思いきやショートがジャンプ一番で好捕し、そのまま一塁に転送されダブルプレー。ところがだ。普通は、三塁走者の中村謙選手はショートが捕った時点で帰塁するものだが、そのままスタートをし、併殺でチェンジとなる前に本塁を踏み、この得点が認められたというプレー。

「このルールは『ドカベン』を読んで知っていました。守備も走塁も練習していたので、迷うことなく走りました。自分たちの機動力野球の真骨頂というプレーができました」

ユニフォームを泥だらけにした中村選手は誇らしげに胸を張ってコメントした。

高校野球の古典的漫画『ドカベン』第三五巻で、神奈川県大会、明訓対白新で同じようなプレーが描かれており、それを中村選手がコメントで発したことで、スポーツ新聞、ネットでは「ドカベン・ルール」とキャッチをつけた。

一度は七回裏のスコアボードに「0」が入ったが、しばらくして「1」が入る。テレビ画面では、しばらくこの「1」のスコアボードが映し出されていた。

どうすれば点が入らなかったかというと、鳴門が三塁に転送して「三塁走者の離塁が早かった」とアピールすれば良かったのだ。つまり、内野手全員がファールゾーンに出る前に、野手がボールを持って三塁ベースを踏んで「ファーストで取った三つ目のアウトを三塁でのアウトと置き換える」というアピールを審判にし、審判はそのアピールを認め、三つ目のアウトの置き換えを行なうことで三塁ランナーがアウトになり、得点は認められない。三つ目のアウトは、ファーストで成立しているため、いくらボールを持って三塁ベースを踏もうと、それだけでは審判は何もしてくれない。きちんとアピールしないといけないというわけだ。

西貝球審は、鳴門ナインがベンチに戻ったのを確認（アピール権消滅）し、得点が入ったことを球場側に伝え七回裏に「1」が入った。

「あのプレーは自主的に練習していたのですか？　とよく聞かれましたが、こういうルールがあるよっていう話はしていました。シートノックの中で、たまたま同じようなプレーになったときに、『今のは、サードランナーが走ってたほうがいいんじゃないの？』と主観で話していただけです。まぁ僕はミーティングで話さないですけど、いつも練習後に生徒たちでミーティング的なことをするので、その中でそのルールの話になったんじゃないですかね」

池田監督は、練習で強制してやらせていたわけではないと断言。ただ、こういうルールがあるということを示唆しただけという。

当時二年生だったエースの大竹耕太郎投手（現・ソフトバンク）によると、

「あのプレーは知ってました。練習でケースノックの際にショートに強い打球のノックをして、ランナーがどう動いたらいいかわからなくて、そのときに集められて監督から教えられました。一度指導されただけですけど、それをみんな理解しました。練習試合でもそういった場面になったら、サードランナーはホームへ突っ込むと統一されていました」

実は、この試合、五回にも１死一、三塁の場面があり、ショートライナーでサードランナーはホームへ突っ込み、審判にアピールしたが得点は認められなかった。そういう経緯もあってか、七回のプレーが起こったとき審判も注意深く見ていたという。一試合に二度、同じ場面で同じ打球が飛んだという不思議な試合でもあった。

頭が良いから頭脳プレーができると映るかもしれないが、そうではない。一度しか指導されていないプレーを自分たちで話し合い、練習試合等で徹底してやった結果である。練習中の疑問点を少しも残さず、みんなで納得できるまで話し合うことができる能力がすごいのだ。野球においても貪欲かつ勉強熱心だからできるのだろう。

「僕が言わなくても、選手たちならこのルールは知ってますよ。漫画でも出てきますもんね。『ドカベン』や『ラストイニング』にも出てきます」

池田監督は笑いながら言う。

『ドカベン』に掲載されていることは有名だが、『週刊ビッグコミックスピリッツ』で連載していた高校野球漫画『ラストイニング』二七巻にも、同じショートライナーでの同様のプレーが掲載されている。

「子どもがいるので、『ラストイニング』は全巻持ってますし、『ドカベン』は、子どもが読みたいって言うので、わざわざ全巻を大人買いしました」

まさか『ドカベン』だけでなく、『ラストイニング』という言葉が出るとは思わなかった。精悍なマスクから頑固で強情な九州男児のイメージそのものだったのが、変に固定観念がなく、気さくでものわかりが良いイメージに変わった。

「自発的にできる部分は大きいと思うし、言えばわかるし、選手間でよく話もします。運動能力と直結はしていかないですけど、理解はやっぱり早いですね。まぁ熊本でいえば熊本高校さんもそういう感じなんでしょう。そこが進学校の強みであり、甲子園に出ているような高校の選手というのは、やっぱりどこも素晴らしい気持ちを持っているのかなぁと思います。頭の良い悪いではなくて、みんなひとりひとり、それなりに自立した考え方を持って取り組んでいるでしょうし。特に進学校の場合は、そういう選手でないとなかなか甲子園っていうのは狙えないのかなって思います。だから極力送り迎えはさせない。まず選手を親から離すっていうのが大事です。依存心が強いとプレーにも出てしまいますから」

池田監督の考えとしては、まず親から子どもを離すことから始める。平成の世になってますます核家族化が進み、多くて三人、もはやひとりっ子が珍しくない時代。それゆえに両親が子どもに対し過保護になっていくのは自然の摂理でもある。

極端な話、地方から野球留学で大都市圏に行く子どもは精神的に相当大人だと思う。

慣れ親しんだ街を出て、野球に賭けるため見知らぬ土地へ行くわけだから、一五歳にしてそれ相応の覚悟を持っているはずだ。

「今の親と子を見ていると、本当に仲がいい。僕らの頃は親が練習を見に来ようものなら、『来るな、何しに来たんだ!?』って感じでしたけど、今はそんな子いないですもんね」

二〇年ほど前までは、子どもたちは親に対しての反発がすごく、親が練習を見に来ているだけでうっとうしがっていた。照れくささもあったと思うが、親に反発することで大人への自我が目覚めていく時期でもあった。

通常、思春期の子どもは、親に反抗的な態度を取って親から自立していく。

「クソババァ!」「死ねや」「産んでくれって頼んだ覚えはねえんだよ!」……、大事に大事に温室培養で育てて素直な良い子だったのが、ある日突然、今まで発したことのない言葉で親に歯向かってくる。いわゆる反抗期だ。昨今の少子化で、ひとりっ子の核家族化が進み、親と接する時間が年々長くなっているため、反抗期がない子どもが増加している。

親子関係が多様化しており、仲のよい友人同士のような〝友だち親子〟もあれば、親元を離れない「ニート」や「パラサイトシングル」といった自立できない子どもも増えている。

「私の時代と比べて、親子関係は変わったかなと思いますけどね。父兄からの口出しはもう完全にシャットアウト、しゃべりませんよ、飲みには行きませんよって言ってあります。入ってすぐの親御さんたちは、野球部があadだこうだとか言われますけど、二年、三年になるとまったくなくなりますね。あははは」

親子が密接になっていくのは良い傾向だが、親離れ子離れできない関係はまったくもってナンセンス。自立させることが親の務めであり、自立していくのが子の成長でもあるからだ。昔の親子関係がすべていいとは言わないまでも、ある程度放任しておくことも成長の一環として大切である。大事な子どもだからこそ、遠くで見守ってあげ、ルールから逸脱しそうになったときだけ手を差し伸べてあげる。これができそうでできないのが、現代の親子関係なのかもしれない。

スーパーエース　大竹耕太郎

稀《まれ》に、進学校にも超高校級の選手が入学してくることがある。

二〇一二年の高校二年夏、三年春に済々黌のエースとして甲子園出場し、名門早稲田大学二年生で左のエースとして活躍している大竹耕太郎。

二〇一五年東京六大学春季リーグで、早稲田大学が六季ぶり四四回目の優勝を飾り、5大学すべてから勝ち点を奪う完全優勝で、法政が持つ最多優勝記録に並んだ。大竹投手も六試合に登板し、4勝1敗、防御率0・89で最優秀防御率を獲り、名実ともに早稲田のエースとなった。

「独特の世界観を持ってますからね、あいつの場合は！」

池田監督は感心するように言い放つ。

昨年（二〇一四年）、秋季リーグで一年生ながら九試合に登板し、4勝2敗で一躍早稲田の主戦投手として檜《ひのき》舞台に上がってきたシンデレラボーイ。大竹投手の活躍を池田監督はどう見ているのか。

「大学野球なので、一年間はちょっと体力作りをして、二年生くらいからちょこちょこ投げられるようになって、まぁ三年生から主力と思ってました。ある程度花が開くかなとは思っていましたけど、一年の秋からバンバン投げるなんて……早稲田の台所事情もあったんでしょうけど、まぁそういうところで、あいつはやっぱり持ってますよね」

確かにエースの有原航平《ありはらこうへい》投手（現・北海道日本ハム）、吉永健太朗投手（現・JR東日本／日大三高出身・二〇一一年夏の甲子園優勝投手）が万全の状態だったら出番がなかっただろう。主戦投手の二人ともが故障し頭数がいなかったため、一年生の大竹投手に出番が回ってきたという感じだった。それでも勝ち星を重ね、周囲も新星登場だと注目する。やはり、そういう星のもとに生まれているのだろう。

「僕はキャッチャー出身なんで、入学当時の大竹の球をブルペンで受けたことがあって、すげーいい球だなーって思いました。受けていたらボールがミットの芯に入ってこない。芯のちょっと上に入る感じだったから『あ、こいつモノが違うわ』って。スピードはそんなになかったですけど、やっぱ受けた感覚が違いましたね。低めが垂れないんです。高校に入りたての頃は誰でも低めは垂れちゃうんですけど、あいつは垂れなかった。足の使い方やタイミングの合わせ方がものすごい感覚を持っているんでしょう、独特でしたね」

キャッチャー出身の池田監督は、数々の教え子を見た中でピッチャーでは大竹がナンバーワンと最大級の賛辞を贈った。

「球もすごかったですけど、やっぱりここ一番の勝負強さみたいなのが飛び抜けてました。夏の大会で山場だったのは、九州学院戦。他の試合では何点か取られてますけど、九州学院戦だけピシャリと抑える。ギアの入れ方も、心の持っていき方も違って……やっぱ持ってるんでしょうね。だから甲子園でも大事なところで打ちますしね。うーん、持ってるなと」

池田監督がしきりに〝持ってる〟を連呼する大竹耕太郎投手。

どれほどの投手かじかに見てみたく、早稲田大学安部寮で会うことになった。

一見、ヌボーッとした寝起きのような感じで入ってきた。

「よろしくお願いします」

大物投手にありがちな大胆さが窺える。いわゆる鈍感力だ。

まずは勉強について聞いてみた。

――高校時代なんですが、勉強は大変でしたか？

「授業は、朝課外という形で7時30分から始まるので大変でした。もともとは熊本高校に行こうとしていて、野球で上に行けると思ってなかったんですが、しっかり勉強しながら甲子園を狙えればいいというスタンスでした」

――どうして済々黌に行ったんですか？

「ひとつ上の学年の、いい選手が済々黌に集まっていて、熊本高校に出願までしたんですが、ギリギリまで迷って、やっぱり野球したいなという思いが強くなり、出願変更期間中、済々黌に変えました。もし熊本高校に行っていたら、甲子園にも行ってないだろうし、こうやって取材も受けていないでしょうね」

――どのくらい勉強しましたか？

「済々黌に入るにあたっては一日一〇時間勉強してました。中学校時代は学校で二番の成績でした。高校に入ってからはなかなか勉強のほうは……野球のほうにウエイトを置いてましたね。予習してこいと言われるけど、なかなかできないです。テスト前はみんなで学校に残って勉強してましたね。日頃、野球ばっかりやっているので、勉強することに対して苦ではなかったです。野球部という看板があるので、勉強も疎《おろそ》かにできない感じでした」

――済々黌では野球と勉強の両立って難しかったですか？

「甲子園に出るまでは、学校に対して嫌な思いを持っていた部分が少しだけありました。公式戦でも、授業を受けてからしか試合に行けず、『私立に行っとけば良かったかな～』と思うことも多々ありました」

大竹投手から〝甲子園〟という単語が出たので、あの夏について聞きたくなった。二〇一二年夏の甲子園三回戦の大阪桐蔭戦だ。この年は、藤浪晋太郎《しんたろう》投手（現・阪神）を擁する大阪桐蔭が春夏連覇した年でもある。

――大阪桐蔭戦の四回、現在西武で活躍している森友哉選手にホームランを打たれたときは？

「投じたボールはインコースで、僕のインコースは少しシュート回転するんですけど、左バッターのインコース真っすぐのギリギリは打たれたことなかったんですけど、森はインコースのボール球を簡単にライトスタンドへ運んだんです。全国にはこういうバッターいるんだな～と思いました」

――対戦したとき、マウンド上から見てどう感じましたか？

「いい意味で特徴がないというか、つまり悪いところがないいんです。いいバッターは特徴がない。悪いバッターだとインコースが弱いとか特徴が出るので投げやすいんですけど、特徴がないバッターは投げにくいですね」

バッターに対しての観察力、表現力は独特のものを持っていると即座に感じた。これが大竹の持つ世界観なのか。最後にどうしても聞きたい質問があった。

――ずばり、プロへ行きますか？

「はい。プロを目指すために早稲田に来ましたので」

力強く言い切った。

一見、茫洋《ぼうよう》とした風貌だが、優しい口調で理路整然とした話し方に底知れぬ知性を感じさせる。

野球だけできるのは面白くない、上のレベルで勉強したい、幅広い教養を身に付けたい、他分野で活躍している志の高い人たちと接したい、そしてまず人間として成長したい、そのために早稲田に来たと断言する。そのときの力強い目が、凡人とは違った輝きを見せた。

怪我《けが》がなければ間違いなく上位指名でプロに行く逸材。

知性と実力を兼ね備えた新しいタイプのピッチャーとして、上のレベルでも新風を巻き起こせる素材でもある。一九八〇年代に活躍したサッカーブラジル代表のソクラテスは、一流のサッカー選手でありながら医者でもあった。ある意味、二刀流だ。

大谷翔平（現・エンゼルス）が〝二刀流〟でプロ野球界だけでなくＭＬＢまでも席巻《せっけん》しているのなら、大竹は一流のピッチャーと教授といった違う意味の二刀流で世間を騒がしてほしい。大竹は、頭脳と才能を持っている。彼ならできるような気がする。

教育者とは

池田監督と、部長の橋本淳先生の関係性が非常に面白い。橋本部長は池田監督より三歳下なのだが、平気で遠慮なく言い合う。まるで旧知の仲のように、思ったことをズバズバ言って、互いに鼓舞し合っている。だからこそ、橋本部長からも話が聞きたかった。

「僕は、池田監督の生徒との接し方というのが本当に教育者だなと思うんですよ。父親的な教育者だなって。だから本当に自分の子どものように思ってるんだろうなって。やっぱり子どもには、自分でやりなさいと自立を求めますよね。どうすればいいかっていうのは、〝ほったらかし〟でいいんです。でも教員は、ほったらかせない。ここが大きな差です。どうしてかっていうと、できない子に目が向いちゃうから、できるようにアシストしてしまうんです」

橋本部長が言うには、池田監督は子どもたちを自由にやらせてみてダメだったときに、その子がどういう行動を取るかによって掛ける言葉を変える。それができるから我慢強い。でも、学校職員だと、子どもたちを自由にさせることができない。逆に、一から十までこうしなさいって言う職員ばかりだと。

「僕はこの済々黌に来て、池田監督のやり方で選手たちが伸びていく姿を目《ま》の当たりにしているので、去年三年生のクラスを担任したときはある意味ほったらかしにしました。学校へ来ない子がいたら、家に連絡をしたり家庭訪問をしたりしてお母さんとは話をしますが、本人がしゃべりたくないのだったら、自分がそういう気持ちになったときに連絡してくればいい的な気持ちにはなれましたよね」

超進学校は、いかに多くの子どもたちをトップクラスの層へ入れて、学力をどんどん伸ばす方向に持っていくかというイメージがある。

「できる子をどんどん伸ばしていく指導が求められているのは間違いないです。だけど、普段はそうじゃないですよね。どっちかというと、やっぱりできない子を囲って底上げしていくような感じですよね。だから作業なんです。作業だから定着はしないんですよね。勉強でも一緒だと思います。やっぱり自分はどうしてこれが必要なのかに気付かせて、その子が自分でやり始めたときに本当に伸びるんだなぁと思います」

作業をどれだけやっても、やらされている感しかない。そこに自分の意志がないから。大人たちに言われたことをそのままやりたくないから、子どもたちは反発する。一昔前は、盗んだバイクで走り出したり、夜の校舎の窓ガラスを壊して回ったり、戦いながら足掻《あが》き続けていたが、今はそんなことなどしない。部屋でパソコンかスマホをイジって、二次元の世界へ没頭する。

バイクで走り回ろうが、一日中ゲームをやろうが、逃避していることには変わりない。どこまで逃げても行き着くところなんかない。

結局は、自分で気付かないと何も始まらないのだ。

「ウチはそれに気付ける子が多いんだと思います。野球部員は嫌でも夏の大会が終わったら気付かざるを得ないからですね。現実を直視しないといけないときがくるので、そこからスパートかけてやりますけど」

他の生徒と比べて圧倒的に勉強する時間が足りない。野球部員に対して勉強の指導はどうしているのか。

「一年生には言ってます。『先生から指導を受けたら必ず報告しにきなさい』と。怒られた意味がわかっているかを聞きます。そこで僕が、『おまえ、何してんだ！』って怒るために聞くわけではありませんが、意味がわかってないときだけは怒ります。僕はガチガチにはしない。生活態度とか細かく見てますけど、『遅刻したやつ、来い！』とか言いません。なんかあったときにだけ、ぼそっと言います。一年生によく言っているのは、学校の授業ってやり方ひとつだと思うんですよね。評定とかもちゃんと取っておけば、進路の幅が広がる。そこは意識しないとダメだよと言っています。裏を返せば、提出物とかはちゃんと出したほうがいいと気付いてくれればいいんです。なぜ提出物を出すかといったら、最後自分に選択肢が増えるからだよと。三年の担任をしてから痛感しましたね」

進路状況を聞くと、済々黌は指定校推薦はあまり利用しないという。センター試験を受けて国公立へという傾向が強く、首都圏と違って地方は早稲田、慶應よりも国公立のほうがまだまだネームバリューはあるのだ。

「指定校推薦枠がいっぱい余るんですよね。この子は指定校で行ったほうがいいのになっていう子もいるわけですよ。実際、自分のクラスにいたんです。野球部じゃないですけど、慶應の商学部に行きたくて絞って勉強をしていました。慶應の商学部の指定校推薦があったんですが、基準を満たしてないから受けられなかったんです。そのとき、そいつの言った『やっと意味がわかりました』という一言がすごく印象的でしたよ。本当の声でしょうから、その子の言葉は大事にしてあげたいと思いました。その子は本当に慶應の商学部に行きたかったんです。でも一番の近道があったのに行けない現状に直面する。指定校推薦は三年間の積み重ねなので、一気に取り返すことは絶対にできない」

結局、慶應商学部志望の彼は一般入試で慶應に合格した。だが慶應の商学部ではなく、経営学部だった。受験したのはその二つだけ。「先生、親からは三浪まで許されてます」という彼に、橋本部長は「じゃあやれ！」と言っただけだ。

「夏が終わってから頑張ってもダメなんです。今年の二年生は結構評定を取ってくれてますね。一番いい子で4・8。他にも4点台が数人いる。野球部は大体2点台、3点台なので、やっぱ自分たちでやれる子はやるなと思います。そういう子は将来なんか大きなことをやるんだろうなと思いますね」

済々黌の良さは、「現役で国公立行ったらどうだ!?」というのではなく、自由に指導ができること。地方の進学校だと、有名私立大学に受かるよりもどんな僻地《へきち》でもいいので現役で国公立の合格人数を増やして進学率を上げる学校もある。

「ウチも国公立偏重ですが、浪人する子も応援できる学校。この学校は器が大きい」

橋本部長は語気を強めて言う。現役で受かるにこしたことはないが、浪人することもまた人間的成長を促す。

「済々黌に来て、すべてが新鮮でした。済々黌ってどうしていつも夏に仕上がってくるのって聞かれるんですよ。返せる答えは、圧倒的な練習量と、たくさんやらないことって言います。いくらでも練習を見にきていいですよって言うんです。見せられない練習はないので。一昨年、昨年と取材が多かったですが、『ウチはやめたほうがいいですよ。本当にどこでもやっている練習ですから』って大体はお断りしてたんです。実際に練習を見に来られた方に聞くと、みなさん『普通の練習ですね』って仰《おつしや》いますから」

特別なことをやっているわけじゃない。ただ、何が違うかといったらその徹底度合いが違う。公式戦でバントができなかったから、「バントを徹底してやろうぜ」と選手たち自身で決めてやる。監督から強要されて練習をするわけではない。

実際に池田監督が言うのは、二つのパターンだけ。

「それをするんだったら、こうしたほうがよくないか」というアドバイスと、「それは今やることなのか」という確認のみ。池田監督のビジョンと合致しているときは何も言わない。

「そこが教員と逆なんですよね。池田監督は徹底してやることにこだわっている。練習でそれをやったのに、次のオープン戦でできてなければ、『じゃ、やり直しだろ』ってことです。だから次の新しい練習なんてないんです。できるまでだから。こいつらが夏までにバントできなかったら、バントの練習だけで終わるんです。だけどバントじゃ負けないチームになるんですよね。そこが強みですよね。今、いろんな全国の監督さんがいろんな指導法を考えられています。ウチはそういう練習ができればいいんですけど、入ってくる子だけで勝負していかないといけない。声を掛けて獲ることができないですか

第30回選抜高校野球大会
優勝
50周年記念
監督 木村 茂
部長 本田不二郎
副部長 山田 繁
1 城戸 博
2 中山邦弘
3 盛谷博一
4 服部康昭
5 松野道夫
主 6 末次義久
7 堀内嗣郎
8 伊藤照二
9 上村啓明
10 高島省三
11 飯塚啓一
12 古家栄二
13 浜里晶弘
14 石見 洋

らね。だから、やらないといけないことを毎日継続して徹底していく我慢強さがこの子たちにはあります」

済々黌の強みというのは、我慢強く継続し、意識を持って練習をやること。素振りひとつ見ても、子どもたちは誰に言われたわけでもなく黙々と振る。バックネット後方にある甲子園優勝モニュメントがいつも見ているため、手を抜くことができなくなってくる。いわば自発的に促す不思議な空間となるのだ。これが伝統の力であり、その伝統の力と徹底の力が、済々黌野球部の礎となる。

身体能力の高い子が入ってきたとき、「俺が俺が」と我を出すのではなく、そういう空間の中で気付かされて謙虚になってやることができる。

先人が築いてきた伝統の前で恥ずかしいことはできない。そのためには、何をやらなくてはいけないのかをまず考えさせるのが済々黌なのである。

文武両道の意義

済々黌の授業カリキュラムは、火曜日と金曜日のみ七限で、あとは六限授業。文武両道を謳《うた》っているため部活の時間を確保するということで、週二日だけ七限となっている。

「朝7時半から朝課外がありますよ。一昔前の子たちは、朝課外に出ずに先生たちから怒られているというのが済々黌野球部の姿だったみたいですけど、甲子園に行った子たちからの、このままじゃダメだろうという投げかけに対し、『じゃあ、僕たちが朝課外に出よう』ってなったんですよね。甲子園に行った子たちは、新しい良い風を吹き込んでくれましたね」

朝課外は希望制だが、ほとんどの生徒が出ている。ただ単に出ている生徒もいれば、頑張っている生徒もいる。野球部員は、なんとか出ている感じなのかもしれない。しかし教員は、それを咎《とが》めることはできない。教員たちもわかっているのだ。野球部員たちが野球の練習に賭ける情熱を。

野球部以外にも全国レベルの部活が目白押しだ。

「ラグビーが一度花園に出てますよね。水球も結構伝統的に強い部ですね。ウチの同窓会の会長をされている方は、モントリオールオリンピックのハンドボール監督だったんですよ。今、熊本県サッカー協会の会長ですけど。スポーツの世界でも、すごい人物を輩出してますよね。男子ソフトテニスも強いです。練習量は、ウチと引けを取らないです。男子ソフトの監督さんも外部の方で、自分の名前のついた大会があるくらいすごい方ですね」

全校生徒一二三二人のほとんどが、何かしら部活に所属している。体育系と文化部の掛け持ちもあるため、部活所属率は優に100%を超えている。

キャプテンの大矢健悟選手（現・鹿児島大学）に、学業のことを聞いてみた。

「平日、家に着くのは21時半ぐらいなんで、勉強はできても一時間くらいです。朝課外があるときは5時30分に起きます」

ちょっと照れくさい感じで話す。勉強も大事だが、今はキャプテンとして野球に比重を置きたいという思いをビンビン感じる。すべては、最後の夏を悔いなくやるためにだ。勉強のことより野球のことを聞いてくれという雰囲気に押され、チームの弱点は何かと尋ねると、堰《せき》を切ったように、

「公立校は選手を集めてくるわけじゃないので、自分たちがもっと考えてやらなければいけない。そのためには自分たちで練習メニューを決めるのは当たり前なことです。練習メニューは夜に大体考えて、朝にみんなに伝え、監督には別に伝えません。自分には何が足りないかひとりひとり意識することが大切。弱いチームなので主体性を持たないとダメです」

大矢キャプテンの頭の中は、チームのために自分はどうしたらいいのか、どうしたら勝てるのか、でいっぱいだ。キャプテンの責任として最後の夏をどう迎えるか、思いは痛いほどわかる。

二年生の中園《なかぞの》凌《りよう》選手は、野球部の中でも珍しい県外出身。中学まで福岡に住んでい

て祖母の家に下宿しながら通っている。

「中学のときに県外に出てみたいと思うようになって、母の実家が熊本にあったので、文武両道の済々黌だなって決めました。平日の勉強は30分くらいです。京大の法学部を志望してます。法学部のランキングを見たら、京都の法学部が一番上だったので決めました」

ボソボソと小さい声で話し、ちょっと聞き取りづらいなあと思っていると、〝京大の法学部を志望してます〟という部分だけはっきりと話す。言い切ることの大切さを知った気がする……。


二〇一五年の超難関校の進学状況は、東大四名、京大五名、九州大三五名。

一クラス約四〇人で一〇クラスある。一クラスだけ特進クラスがあり、東大京大医学部系を狙う子どもたちで構成され、そのクラスだけは三五人。大体文系四クラス、理系六クラス。近年、理系の傾向が強くなっている。

しかし済々黌野球部からここ数年、東大へは入っていない。ただ東大へ行けそうな人材は随時輩出している。最も東大に近かったのが、二〇一二年甲子園に出た四番の山下祐生《ゆうせい》選手。入試はトップ合格し、高校二年の成績は「オール5」。野球部史上初めての理系特進クラスであり、後にも先にもいない。

　実家が、熊本市内の学校から15キロ以上離れた宇土《うと》市にあるため、高校二年の一二月まで下宿生活を送っていた。下宿先では自分で洗濯等の身の回りの雑事をし、宿題を片付けたりすると、寝るのは午前2時、3時。野球と勉強の両立で無理がたたったのか二年春には肺気胸を患い、野球を辞めようと悩んだこともあった。

「東大に行けって、ずっと言い続けていたんだけど、甲子園が終わったら完全に燃え尽きていました。結局、指定校推薦で早稲田の政経に入った。燃え尽きて目が死んでいました。そんなやつに頑張れって言っても……まあしょうがないですね。彼なら東大へ入れる実力は十分にありましたね」

　橋本部長は口惜しそうに話す。

　せっかく東大へ行ける頭脳を持っているのに、本人の意志が東大へ向かない限り、周りがどんなに煽《あお》っても行きやしない。なかなか指導者の思惑通りにはいかないものだ。

「東大に通したいんですよね。先輩がそういう道もあるんだというレールを敷かなければ、下が目指さない。誰かひとり出れば、次に行こうってやつが出てくるもの。最初に行くやつがなかなか出ないんですよね」

　他にどこの高校を取材しているか聞かれ、北から順に、青森、時習館、彦根東、松山東、佐賀西と名を挙げていくと、

「今聞いた学校だと、そこそこ練習しているとこじゃないですか。やっぱり時間だと思

いますね。結局、センター試験で点数を取れても、そのあとの二次試験に対応するための時間がかかるんですよね」

東大の二次試験は、他の国公立と違って理系、文系関係なく科目数が多く、論述式である。言うなれば、文系でも数学があり、理系でも国語がある。

「あとは、意志。行くぞ！　っていう気合。それはありますよね。最初のきっかけは一浪でいいと思うんですよ。一浪、二浪してでも東大に合格してくれると、下も『よし！俺も』って思うはずなんです。きつい練習をやっている中でも勉強をし始め、成績が上がっていくと思うんですよね。東大じゃないけど、五浪して慶應に行った生徒もいますしね。絶対に慶應へ行って野球部に入ろうっていう強い意志ですよ」

最後は精神力がものをいう。浪人の一年間は確かに苦しいかもしれないが、長い人生から見たらたったの一年。よく言う表現だが、五〇代の一年間と一〇代の一年間では重みがまったく違うのもまた真なりだ。

いかにも九州男児といった猛々《たけだけ》しい顔立ちの山城《やましろ》舜太郎《しゅんたろう》選手（現・ＪＩＣＡ）は二浪して早稲田に入り、野球部三年だ。

「現役時代は、全然勉強しなかったです。朝課外は行くだけです。授業を受けても寝てしまうので先生から肩をポンポンと叩《たた》かれる感じです」

現役時代はまったく勉強してないと即答。最初から浪人覚悟だったという。

現役選手たちに取材したときに、成績が悪いことを悪びれずに堂々と言っていた様子の話をすると、

「いや～済々黌野球部の悪しき慣習ですね～」

少し笑いながら、自戒を込めるように言っていたのが印象的だった。

地域格差

豊かになったとはいえ、地方に行けばまだまだ経済格差はある。

橋本部長が他の学校に赴任しているときだ。ある日、体調が悪そうな生徒に声を掛けると、一昨日からご飯を食べていないと答える。唖然《あぜん》とした。急いでご飯を買いに行き、食べさせた。

「なんか困ったことがあったら言えよ」と告げるが、あまり深入りすると別の問題が生じてくる場合がある。親からしたら虐待と思われたくない。そうなると生活保護が打ち切りになってしまう可能性があるからだ。

そういう家庭の子どもたちは常に葛藤し、もがき苦しみ、でも一生懸命授業に出て勉強を頑張っている。だからこそ、済々黌の生徒たちには、社会へ出たら知らない世界が

たくさんあるということを話している。

「僕の見てきた世界とここでは、やっぱり全然違う。だって、提出された宿題を見て『おまえ、なんでこんなに違うんだ？』って言ったら『縁側で……、月明かりの出ているときしかできなくて……』って言うんです。その子に『頑張って勉強して大学行け』って言うのが果たしていいのかなって思いました。その子の親父は、彼女がバイトで稼いだお金をすぐに巻き上げちゃって飲み代にしちゃうんです。この子が自立できるような場所がないかなって考えると、県外しかない。でも、幼い弟と妹がいて、彼女が弟妹を支えていたもんだから、彼女を外に出していいのかって……、そのときは結構悩みましたね。結局、彼女が全部自分で決めて、近くの温泉宿に就職していきました。今の時代の話です。おしんの世界です。彼女には誰よりも幸せになってほしい」

電気代が払えず、月明かりで宿題をやる女生徒。バイト代はすべて父親の飲み代に消える。昭和の話ではない。平成の世の話だ。

済々黌の生徒の悩みと言えば、浪人していいかどうかくらい。地域によってはまだまだ私たちが知らない経済格差がある。いや、目を背けて見ていないだけなのかもしれない。だからこそ、環境が整っている済々黌の生徒たちには、ちゃんとしてもらわなければ困るのだ。

「ウチの生徒たちは、いずれ四年制大学へ行って、総合職で入社して、自分よりも年上の部下を持つ管理職になる人材。そのときに、『この人はできないから私は知らない』って言わない人間であってほしい。済々黌の良さって、感受性の強い子が多いことだと僕は思います。中学校のときに生徒会長をやっていた子、部活動でもキャプテンをしていた子が多く入ってきています。そういう子たちは、人のために何かをやろうと純粋に思えるんですよね」

橋本部長は、今年の三月に三年生を卒業させるときに、一言だけ言ったという。

「前にも言ったけど、今まで育ってきた環境と全然違う世界がある。君たちはその子たちの上に立つ人間になる。そのときに、簡単に切り捨てるんじゃなくて、合わないとかできないからじゃなくて、その人の立場になって考えられる人間になってくれ」

橋本部長も教員になって知らない世界をたくさん知った。

世の中、知らなくてもいい世界がある。

でも、なんでもかんでも蓋をすればいいというものではない。

自分が経験してきた世界がベースではない。すべての世界を見ることや知ることができなくとも、違う環境で育った相手を尊重し、慮ってあげられれば、どういう接し方をすればいいか自《おの》ずとわかる。常に、相手の身になって考えてあげる。簡単なようだが、非常に難しいことでもある。

池田監督の持論としては、いい選手に育てるにはまず経験を積ませることが一番。本人が打たれて「これじゃダメだ」と思って練習するのがいい。あとひとつは、ひとつ上の学年または同学年で遠慮せずに言うやつが多いこと。得てして主力の選手には、周りの選手たちが遠慮して何も言わない。

「僕が高校二年のときに甲子園に行ったんですけど、ひとつ上の先輩からすごくかわいがってもらいました。当時は寮に一緒にいたので、勉強なんかも教えてもらったりしました。試合には、僕らのひとつ下の代が半分くらい出させてもらってて、そういう環境の中にあったから甲子園に行けたのかなって思います」

進学校の場合、単独の学年だけでは試合を勝ち進んで行くのは難しい。昨日今日いきなり〝甲子園を目指してる〟と言っても、そうは問屋は卸さない。上の代からずっと〝甲子園を目指してる〟って言い続けながら本気で行動していく。そういう時代がずっと連なっていき、いいピッチャー、いい選手が来たときに、〝よし！〟となる。宝くじが当たるように、いきなり超高校級の選手なんか来ない。

毎年毎年の流れが大事で、流れを作ってやるのも監督の仕事。そういう思いが繋がっていけば、甲子園の扉が見えてくる。

「理想の野球を追い求めてやるしかない。練習でも自分でああだこうだと言わなくなりたい。育てていくのに口出しはするけど、大人になれって思うし、自分で判断しろって言います」

池田監督が強く言ったのは、なんにおいてもそうだが人のせいにするのが一番最低な行為だということ。人のせいにしないために、自分で責任持って選択するのを養うために学生時代がある。

選手から「浪人したほうがいいですかねー？」と言われても、池田監督は「俺はおまえの人生に責任を持てない」とはっきり答える。最終的に決断するのは自分自身なのだから、後悔がないように自分で判断をするべきである。いつなんどきでもそれができれば、どんな苦境に立たされても必ず人は立ち上がれる。

だから、これだけは言いたい。

もう、人のせいにして生きるのだけはやめろ。

それだけで人生は大きく変わるものだ。

芥川
松村

第3限　滋賀県立彦根東高等学校

求めよ普《あまね》く、究めよ深く
赤鬼魂

強豪校の姿勢

「城の中に学校があるの!?」

驚愕《きょうがく》というより、学校周辺の荘厳な趣に煽られて、凛《りん》とした気持ちになった。

彦根東は、多くの大老を輩出した譜代大名である井伊《いい》氏一四代の居城である彦根城内にある。

今年（二〇一五年）、幕末に幕府の大老を務めた井伊直弼《なおすけ》公の生誕二〇〇周年祭が行なわれるとあって、彦根城の観光行事が目白押しで、街中が歓迎ムードだ。

「狭っ！」

グラウンドを見た瞬間、絶句した。

松山東もそうだったが、彦根東はもっと狭い。

バックネットはボロボロで低く、とても硬式球に対応できるものじゃない。

「校舎の耐震工事で、もともと狭かったグラウンドが縦50メートル、横40メートルまで狭まったんですよ。ホンマに練習をどうしようかなと思いました。今は若干広くなりましたけど、逆に良かったのかもしれないです。いろんな練習場に行ったときに集中力が高まる。トレーニングのためだけに山に行って『トレーニング、今日はしこたまやるぞ』と切り替えをポン、ポンとする感じなのが、かえってよかったのかな」

鋭い目で選手を観察し、少しでも気付いたことがあれば、「今のプレー、どういうことや?」と練習を止めてでもその選手に確認し、ときには激しく叱咤《しった》をする村中隆之監督。城内に学校があることで、条例により学校の改築に関しても規制が厳しいらしい。いわずもがなバックネットの高さも規定されているのだとすぐに理解できた。

村中監督は虎姫《とらひめ》高出身で、金沢大学に進学し書道部に所属。卒業後、北大津高に国語教諭として赴任し、野球部の顧問として北大津の快進撃を生み出す。その後、彦根商業(現・彦根翔陽《しょうよう》)の初代監督になり、二〇〇六年に彦根東に赴任し、一、二年生を中心に指導して、二〇一一年の春から監督となった。

「グラウンドが狭いので、あちこち行っての放浪生活をしているんです。ウチはトラックが倉庫なので、トラックに全部乗っけて移動します。マシン三台、今も移動してもらっているんです」

〝放浪生活〟と自虐しながらも、二〇一三年夏には甲子園に出場し、滋賀県では毎年優勝候補に上がる彦根東。二〇一五年春季近畿大会の一回戦では超強豪の大阪桐蔭を破るなど、県内では強豪チームの部類だ。

たまたま取材した日が県立彦根球場での練習だった。

一塁側ベンチから練習風景を見させてもらったが、他の5校とはまったく違う雰囲気を感じた。甲子園を本気で狙う練習というと語弊があるかもしれないが、甲子園常連校の練習と同じ空気に感じた。

今回、取り上げた他の5校も当然、本気で甲子園を狙っていることには変わりないが、それとは違う緊迫した空気感。甲子園を狙い、さらに上を目指す、監督と選手が一体になって遥《はる》かなる高みを目指している、そんな気がした。

バッセン

グラウンドでは満足な練習ができないため、村中監督自ら〝放浪生活〟と呼んでいるように、県立彦根球場を借りたりと、練習場確保に奔走する中、週二回は〝バッセン〟と呼ばれる場所で練習する。学校から自転車で15分のところにある彦根バッティングセンター、通称〝バッセン〟だ。

倉庫を改造したバッティングセンターに併設された人工芝のフットサルコートにネットを垂らし、五カ所でバッティングができるように設置。バッティングマシンは経費削減のため学校からトラックに積んで運ぶ。

「ここで一年中打ってるんです。このバッセンを使うようになってから、バッティングは格段によくなってきましたね。ボールを集めるのが楽です。グラウンドでフリーバッティングをする良さは、当然距離感が摑《つか》めるし守備練習も兼ねられることですけど、ボールを集めるのが大変ですよね。でも、これは打ちっぱなしなんで、短時間であっという間に集められます。だから、打つ量が多くなります。放浪生活ですが、かえってこっちのほうが〝ここはバッティング練習をするところ〟、〝学校ではトレーニングとバント練習、走塁練習〟、〝球場では実戦形式〟とメリハリが付きますから」

確かにグラウンドでのフリーバッティングに比べて、打球がヒットなのかアウトやファールになるのか判断しにくい面もあるが、短時間で数多く打てるメリットがある。

五カ所のうち、三カ所はマシンを使って打っている。そのうちの一カ所だけは強く振る練習として90センチ、1キロのバットを使用。それぞれ10球ずつで交代して回している。

残りの二カ所は、実際にピッチャーが投げてのフリーバッティング。ただのフリーバッティングではなく、実戦形式である。初球で打ったら交代、三振したら交代、フォアボールだったら交代という試合さながらである。

「思いっきり速いボールを放るんじゃなくて、どうやって楽にアウトを取るかをここでやるんです。ここはピッチャーにとって実戦なんです。8分間を二セットです」

8分間でおよそ一〇人を相手にする。それを二回ローテーションで回すので大体二〇

人と対戦する計算となる。つまり、ピッチャーからすると、一試合弱、六回七回投げる計算となる。

ゲージの後ろには大きなデジタルタイマーが置いてある。

「ウチはこのタイマーがすべて。そのあたりはやはり進学校なんでしょうか、時間の意識はみんな強く持っていますね」

時間によって区切るため、テンポよくこなすことが可能。そうすると、試合になってもテンポよく投げられるようになる。彦根東の試合を見ると、確かにキャッチャーが捕ったらすぐピッチャーに返して、間髪を入れずにピッチャーがすぐ投げる。非常にテンポよくリズムがいい。

「冬でも普通に全力投球です。ピッチャーから湯気が見えますから。調子が良い日もあれば悪い日もあるじゃないですか。ここでは、悪いときの状態が見られる。悪いときの状態が続くようだったら改善しなければいけませんから。バッターにとっては、一年中ピッチャーの全力投球を打てるので、バッティング向上にはもってこいですね」

実は、彦根東第二のグラウンドとして永らく使用していた〝バッセン〟が、二〇一七年末をもって閉鎖した。ボール拾いの手間がかからない〝バッセン〟での打撃練習では、みんな目をキラキラ輝かしながら打ち込んでいた姿が今でも脳裏に焼き付いている。当面は打撃練習に割く割合が減るけど、練習が楽になることはない。いつでも創意工夫で練習するのが彦根東だからだ。

チーム作り

彦根東には、キャプテンの他に主務というポジションがある。実は、この主務が練習においても試合においても重要な役割を担っている。

「主務っていうのがひとりいて、トレーニングマネージャーみたいな感じです。すべてキャプテン任せでいるのではなく、その主務を起点にして選手に全部伝えていきます。大学のマネージャーみたいな感じですね」

村中監督は、試合中、戦局を見てサインを出すだけで精一杯。主務に「誰々用意しとけ」と村中監督が言えば、主務が全体に伝え、誰がどういうふうな動きをするかを指示する。

練習を見ていても、主務の明石拓也選手（現・富山大学）が周りの状況を見て、村中監督のもとへ走って指示を仰ぎ、次の練習へスムースに移行させている。

「他のチームではキャプテンがやるようなことも受け持っていて、あくまでも裏方に徹してやる感じです」

マルコメくんのようなクリクリした明石選手がハキハキ物を言う。

では、彦根東にとってキャプテンの役割はなんだろうか。村中監督によると、

「基本的にキャプテンというのは、特に試合の中で実際に動かしていくとか、先頭を切って何かをしていくというようなことの役割が多い。練習の中では、主務がやるようなことは絶対にしないわけです。プレーヤーの中で言うたら一番トップ。僕はプレーヤーに話をするときは、キャプテンを通して話をします」

チームとして動かすときには主務と話し、プレーヤーに対してはキャプテンと話す。カリスマ性じゃないけど、割とみんなにチームとしての方針をガツンと言えたりするやつがキャプテンになっていることが多く、そうなるとレギュラーで主力の選手が適任だと言える。主務は、キャプテンを支え、細々と気遣いができる選手がなる。

「何だかんだ言って、秋は間に合わないんですよ。だから、春夏シフトで完全にやっているという状況です。今のところ割とうまくいっていて、春もここ四年連続でベスト4に入って、夏のシード権は今度で四年連続です。ただ、夏はピッチャーがひとりしかいない。それじゃ、二人作ればいいじゃないかといっても、そんな簡単にはいきません。だからこそ、そのピッチャーを真のエースにして、その子をどうしたら耐えさせていけるか」

村中監督が描く夏のプランは、あえてコールドゲームを作りにいく。無理やりエンド

ランをかけて、早く勝負を終わらせてしまう試合を五試合中一試合は作る。初めからゲームプランを作って、そのシナリオ通りに進め、すべての展開を想定内にする。だから、常に練習試合ではいろいろなケースを考えてゲーム運びをするため、失敗しまくることが多々ある。

「勝ってはいるけど、何か怪しい勝ち方。この子らが面白いのは、怪しい泥試合なんだけど、最後は勝っている場合が多いことです。ピッチャーが打たれようが何しようが、攻撃力が少し上がってきたというのはあるのかなと思うんです。どうしても進学校の悲しい性《さが》は、攻撃力がないので、結局バントをやったり、走塁を詰めてやって、対等になっていくんだけど、息切れして負けるパターン。多分どこもそうだと思うんですよね」

相手の力と大きく差があったとしても、向こうの力を出させないようにして自分たちの土俵に持ってくる。いい勝負になっているが、相手のほうが技術力や体力が上なので、その分の差で負けてしまうことが非常に多い。自分たちの土俵に持ってきたときに、勝ち切れるかどうかということこそが、進学校のポイントだと村中監督は熱く語る。

「やっぱり連打でなくても、一発パチッと抜ける、間を抜くとか、頭の上を抜くとか、そういうバッティングをしていかないといけない。相手が前に来ていてエンドランしても、結局三つ（スリーベース）行けないんですよね。ガンと振るのを見せて『こりゃまずいな』と思わせて後ろに下がってもらい、ポテンヒットが生まれたりして一、三塁になったりするわけですから。だから、後ろに守ってくれるようなスイング力が必要となってくる。今のこいつらはちょっとできるようになってきて、外野手の前に落ちてその間に走塁が生きてくるので得点力は上がるかなと思います」

野球というスポーツは、実にメンタルなスポーツだ。ピッチャーとバッターとの駆け引き、間合いによってゲームの流れがガラリと変わることがある。

思わず聞いてみた。大阪桐蔭のユニフォームを見て、選手たちは気後れとかしなかったかどうか。

「どうでしょう。森杉！　正直、桐蔭とやって気後れしましたか？　って。ユニフォームを見て、『お、桐蔭だ』と思った？」

村中監督がいきなりベンチ前を通っていた一番バッターの森杉亮太《りようた》選手（現・鹿屋体育大学）を呼び止めた。ヘルメットをすぐさま脱ぎ捨てて額に汗を垂らしながら、

「いや、普通の高校生だと思いました」

「桐蔭見ようが、敦賀気比《つるがけひ》見ようが、星稜《せいりよう》見ようが、そういうもんやという感じやな!?」

「はい」

森杉選手は軽く頭を下げ、威勢良く走って外野守備につく。

「練習試合をやらせていただいてるところは強豪校が多いんですよ。二〇一三年の甲子

園のときでも、結局練習試合やったところが甲子園に出場し、選手同士が『おー、よく来たな』とか言って楽しそうでしたよ。富山第一、星稜、福井商業、福知山成美《ふくちやませいび》、敦賀気比、大垣日大。一回練習試合でやったよねという学校さんと甲子園で会う。特に富山第一や星稜とは仲良くやっていましたね。星稜には年に二回ぐらい行くので、お互いに顔見知りになる。練習試合に行っても、飯を一緒に食っていますからね。『せっかく星稜の子と一緒に練習試合するんやから、しゃべってこい、しゃべってこい』と言ってけしかけるし、星稜の選手も私に『先生、僕は国立大学に行きたいんですけど、どういう勉強したらいいですか？』とか、聞いてきますからね。そういう意味では、気後れすることは多分ないんじゃないかな。やっぱり選手層の厚さが全然違うので、強豪校と練習試合をやってもなかなか勝てないですけど、苦手意識がなくなるのはありがたいですよね」

当然、進学校とも練習試合をする。やっぱり進学校は進学校なりのコンセプトがお互いにある。いいチームと試合をするとキビキビしてスムースな試合になるが、公式戦で当たるのはそういうチームばかりではない。例えば、ダラッとした感じのチームと対戦したとき、自分たちのペースが合わないとイライラし、思わぬところで取りこぼしかねない。夏を勝ち抜くためには雑多な感じというか、荒くれ者とも試合をする場合があるため、強豪チームや進学校以外のチームとも練習試合を組むようにしている。

大阪桐蔭戦

二〇一五年春の近畿大会一回戦で、彦根東が３対２で大阪桐蔭を破る大金星を挙げた。これはヤフーのトップニュースに上がったほどだ。

彦根東のエースは佐々木大樹《だいじゅ》投手（現・金沢大学）。サイドスローからテンポの良い制球力と、キレのあるストレート、低めに集まる変化球が持ち味。

「佐々木には、とにかくこのカーブを磨くことと、もう一回インコースのストレートを思い切って放りなさいと。ずーっと練習させてました。それぐらいしか言ってないです。ピッチャーっていっぺんにできないのでね。これができるようになったら、次これって段階があると思うんです。その段階を踏まえていく」

村中監督は、一年前に佐々木投手の大改革を施した。高校二年の夏休みに、上から投げていたのを横に変えさせたのだ。佐々木投手にとっては、嫌で嫌で仕方なかった。だがオーバースローで何の癖もない１４０キロ程度の直球だと、強豪校は簡単に弾《はじ》き返す。シュート回転気味だったことで、〃サイドスローのほうがハマる〃と信じた村中監督は有無を言わせずにサイドに転向させた。

エースの佐々木投手に、大阪桐蔭戦について振り返ってもらった。

「大阪桐蔭は外の球を踏み込んでくるので、インコースにストレートを投げられるように練習しました。春の大会一週間前に敦賀気比と練習試合させてもらって、打球の質を体感できたので、大阪桐蔭戦ではそんなに慌てなかったです。三回までに2点を取られる覚悟をしていたんですけど、0点だったので、イケるのかな～という感じでした」

球は走っていたが、コントロールが荒れていたため最後まで不安は拭えなかったという。

この試合は、初回の大阪桐蔭の攻撃を0に抑えたことが安定した試合展開になった感がある。

大阪桐蔭のトップバッター、二年生の中山遥斗《ゆうと》選手（現・國學院大学）が、レフトの照明の上を越すほどの大ファールを打ったのを見て村中監督は、

「キュイーンと上がって、うわー、どこまで飛んでいくんやろ、でした。ベンチから見てもヘッドがうまく返ってるのがよくわかるんです。甘かったら簡単にスタンドに持っていかれる。何点であがれるんだろって思いました（笑）」

結局、インコース見逃しの三振に仕留め、その後四球、ヒットで1死一、三塁のピンチで四番を迎えるが、なんとかファーストフライに仕留める。続く五番打者のショート

ゴロがショートのグラブを弾き一瞬エラーと思われたが、幸運にもセカンドの手元に落ちるセカンドゴロで打ち取った。ツキにも恵まれていた感がある。

とにかく、これ以上にない勝ち方だった。

彦根東が常に先手を奪い、ゲームの主導権を握った。四回に一度追いつかれるが、六回の攻撃で再び勝ち越し、その後もう一度追いつかれるものの、八回に一番森杉亮太が勝ち越し本塁打を放ち、これが決勝点となる。

村中監督は、試合前にイメージをつかませるために、大阪桐蔭のサウスポー高山投手（優希／現・北海道日本ハム）の映像を選手たちに見せた。村中監督は、特徴という特徴はないが五回からインコースがクロスファイヤー気味に来て打ち取っている、そういった投球イメージを抱いた。

「ウチは右バッターが多いんですけど、本当はちょっとオープンになってもいいから、食い込んでくる球を全部狙えと言ってやろうと思っていました。でも最初からそうすると打ち崩せんかったときに修正が難しいので、試合が始まる前に、『おまえたちの感覚で打席に立っていいから、好きなところに立って打て』と言いました」

初回、一番森杉亮太選手がショートゴロ、二番手原健太郎選手（現・静岡大学）がライトライナー、三番鯰江《なまずえ》里輝《りき》選手（現・筑波大学）も左中間ライナー。ヒットにはなっていないが、いい感覚で繋いでいる。

「あとは、もう何も指示する必要はないので、どこまで行けるかなと思って見ていたら、二回にホームランでしょう。六回に1点追加し、2対1のリードで次にすぐ追いつかれて、2対2の同点。高山投手自身がそんなに……外のスクリュー系のボールがチェンジアップだと思うんですけど、良くなっていく雰囲気がないんですよね。八回に田中投手（誠也／現・立教大学）に代わって、森杉がカーンとホームランを打ったので……結局バッティングについては、最初に言った『自分たちの感覚で、立って打ちなさい』っていうことしか指示しなかったんですよ」

村中監督はもうちょっと工夫してやろうと思っていたにもかかわらず、何もしなかった。つまり難しい球が来てなかったということだ。

「敦賀気比さんとかとやらせてもらうとわかるのは、内野ゴロのアウトがないんです。桐蔭さんも同じです。ゴロのアウトがないんです。二七個のアウトのうち、ゴロのアウトが四つかな」

ピッチャーの球が伸びていたということかと思ったのだが、まったくの的外れだった。

「ゴロになったら抜けるんですよ。カンカンって地を這《は》うゴロは野手の間を抜けたり、ガーンと叩き付けるのは野手の頭を越えていくので、アウトになっていかないんです。だから、アウトは全部フライ。弱いチームほど、ゴロを打ってゴロのアウトが多いですね」

桐蔭打線は全員が無駄のない打ち方であるが、彦根東戦に限ってはミートポイントが前だった。佐々木投手の打ち気をそらすフワッとしたカーブを、桐蔭打線は手を出さずに見送る。次にインコースにキュッと食い込んだストレートが来ると、面白いように差し込まれて打ち損じていた。

強豪校は追い込まれてから空振りをしないものだが、この試合に限っては大阪桐蔭の空振りが目立った。打ちにいかなくてはいけないという意識が強いため、焦って余計にポイントが前になり、ボールを前でさばいてしまう。手元まで引き込めなくなり、普通のチームと化していった。

「もう外野はフェンスに張り付いていました。見ているほうにいたら、『どんだけ後ろに張り付いてるねん』って感じでしたね。だけど、弱いチームが強豪校に勝つには、とにかくホームランは仕方ないとして頭の上を越えさせない。前に落ちるのはＯＫ。こういうのが、やっぱり大事だなと思います」

桐蔭の守備範囲が広いため、ヒット性の当たりも止められ、彦根東はヒット６本しか打てていない。結局ヒットになったのは、点数に絡んだ長打だけだった。

「そのときそのとき指示を用意していたけど、出すまでもなく終わってしまった感じです。途中で、エンドランをかけてたんですよ。例えばワンアウトランナー二塁からもエンドランをかけていったりしたんだけど、うまくハマらなくてね。僕はいつもそうなんですけど、うまくハマらなかった瞬間に、〝今日やーめた〟ってなります。あとは普通に、ランナーが出たらきっちり送って落ち着いてやっていこう、無理する必要はない。終盤で、無理をしないといけない場面があるかもしれん。そのときは負けてるときだから、そこまで取っておこうと思ってました」

村中監督は、桐蔭戦での采配の流れが悪いため、奇襲はかけずにセオリー通りの攻めに徹したという。

佐々木投手は九回162球の熱闘で完投。五回以外は毎回得点圏にランナーを進ませるというピンチの連続だったが、一六個の残塁を築き、強豪大阪桐蔭打線を2点に抑えた。

部活食

〝一昔前は〟という単語を極力使いたくないのだが、どうしても一九七〇年から八〇年代にかけて野球をやっていた者にとっては、現代野球との比較論で語ってしまう。要は、野球の進化についていけてないだけであるのだが……。

昔は水さえ飲むことが許されなかったというアナログ的な指導が一般的だったが、今は身体を作るために練習中に物を食べるといった〝補食〟をほとんどの高校が推奨している。

彦根東は、補食ではなく〝部活食〟を練習後、選手全員に食べさせている。

「立命館の海老久美子《えびくみこ》先生がプロデュースしてくれているご飯を、月に四回から六回ぐらい食べるんです。味は、どうしても好き好きがあるし飽きてくるんです。一食が1500キロカロリーなので、家に帰ってから食べるやつもいますけど」

立命館大学の教授である海老久美子氏は、スポーツ栄養学においての権威であり、二〇〇一年にはベストセラー『野球食』（ベースボール・マガジン社）を発刊するなど、栄養教育論を含めて多岐にわたって活動している。さらに立命館大学の海老研究室に彦根東のOGがおり、その管理栄養士のOGがチームの栄養サポーター的な存在となっている。常に体重の測定も含め、何を食べているのかの調査、さらに心理調査も含めて一切合切やってくれており、定期的にデータを見せ、各々の選手の現状を説明してくれるという。一年生のときからの体重、体脂肪率等の推移をデータとして立命館大学が保管しているのは、誠に心強い味方である。

「二〇一三年の甲子園チームがひとつのモデルになっていて、甲子園チームは夏までどうであったかというと、体重は減っておらず、むしろ増えているやつもいる。増えていなくても維持できているやつが大半。でも、去年のチームの三年生は体重が維持できず、

減っていました。だから、土壇場で集中力も切れてしまう。やっぱりそういうもんやったなと」

夏前の身体作りは、五月頃から始めないといけない。きっちり食べておかないと、夏前に絶対に食べられない時期がくる。選手たちには、食えなくなる時期があるということを告げており、体重を減らさないためにもその時期をどう乗り切るかということを意識付けさせる。食えているやつはやっぱり元気であり、いくら逆転されても何をされても余裕が出てくる。

「甲子園へ行った連中はものすごく印象的で、打たれても『先生、打たれてしまいました』とあっけらかんと帰ってくる（笑）。『何してるんや！』とかみんなに言われても、『じゃ、打ち返すぞ』といつも前向きでした。打たれようが何をしようが、『大丈夫、大丈夫』という感じでしたね」

性格もあるかもしれないが、データを見る限り、二〇一三年の甲子園メンバーの選手の誰ひとり体重は減っていなかった。データがすべて正しいわけではないが、取り入れることでマイナスの効果にならないのなら実践することはありだ。進学校が強豪校に太刀打ちしていくためには、何でも恐れず試していかないといけない。

彦根東の野球部員は、村中監督の提案で朝7時半に登校して勉強しているため、基本、朝練はしない。

「朝練なしにしてからのほうが、野球の成績も上がってきたんじゃないかなと思うんです。睡眠時間が十分に取れているんです。やっぱり、心と体のバランスが大事なので、いつも切羽詰まって悲壮感を持ちながらやっていると、どうしても身体も大きくならない」

進学校の選手たちのウィークポイントは、やっぱり身体の線が細いことがあげられる。どうしても頭のほうにエネルギーが行くため、身体を作るためのエネルギーが枯渇してしまうのだろう。そうなると、毎日維持していくだけで精一杯となってしまう。睡眠と食事を十分に取れたら、身体は大きくなる。しかし、進学校の選手たちは勉強するために睡眠時間を削り、夜遅くなると食べられなくなる。ろくに食べずに睡眠時間も少ないため、身体が大きくならないのは当然で、次第に集中力が切れ、怪我をしてしまう。悪循環のなにものでもない。

「かつては腰が悪いとか、いっぱい怪我人が出ていたんです。ところが朝練をやめてから、腰椎分離などは仕方ないんですけど、腰が悪いというのはなくなってきましたね。あと、不注意の怪我も。イレギュラーでボールが当たるのは仕方ないことですけど、集中力を欠くような怪我というのはなくなってきました」

成長期は、十分な睡眠と食事を取ることは当たり前。勉強をするためにどうしても睡眠時間を削るしかない進学校の選手たちにとって、睡眠の確保は重要な問題であるが、自己管理ができることこそ進学校の持ち味でもあるのだ。

進学校の宿命

野球校には野球校のプライドがあり、進学校には進学校なりのプライドがある。どっちのプライドが上か下かなんてない。毎日、追い詰められている状況は同じである。

「進学校は、日常生活が結構厳しいと思うんですよ。勉強せなあかんし、自分を律せなあかんことがいっぱいあります。心も不安定だし。それを安定して淡々とできるようになってくると、やっぱりやるべきときに必要なことをきっちりやる。これができるようになってくると、野球でも自然に集中力が上がる。『先生のところ、集中力あるよね』と言われますけど、頭がいいから集中力があるとかじゃなくて、やるべきときにやれるかどうか。特にこの子らは賢い子で先が見えちゃって割り引いてしまい、安全を選んでしまいがちなんです。そうじゃなくて、『ここは、そうせなあかんやろ！』と教えていかなあかんのです。日常生活の中でも、野球部として『逃げられない、やるんだ、今』。だから、二四時間野球の練習をしているのと一緒ですよ。練習時間は強豪校と比べると少ないと思うんです。だけど、他のチームが四、五時間ぐらい練習しているけど、終わったらもう寝ているだけ。でもこの子らは野球の練習を三時間から三時間半やった後、また二時間以上の勉強をする。野球の練習に匹敵する自己管理をせなあかんので、それが大きな武器だなと思っています」

文武両道はすごいと簡単に言うが、実際に彼らの労力は計り知れない。部活食があるときなどは、練習が終わるのが21時近くになるときがある。まっすぐ家に帰っても22時頃となり、そこから勉強をする。クタクタの身体にムチを打ってやらなければならない。社会に出てから二五年近くになるが、今の今まで学生は楽でいいな〜と思っていた。学生は勉強だけをやってればいいのだからと。社会に出ると、人間関係や仕事上でのトラブル等と理不尽なことがたくさん起こり、いろいろな場面で神経を遣い、終始気苦労が絶えない。社会人は大変だと心底思っていたが、文武両道の彼らを見て考えをあらためた。社会人は、確かに対価を貰うためには業績を上げなくてはならず、そのためには体力や神経をすり減らして働かなくてはならないが、その分、ストレスを発散できる場所もある。みんながみんなとは言わないが、外回りの営業マンなら時間潰しができる方法などいくらでもある。

しかし、選手たちはそうはいかない。毎日毎日、野球の練習と勉強に追い込まれ、精神的にも張り詰めている状態だ。若さが肉体、精神の辛さをカバーできるからこそ、耐えられるのかもしれない。それほど、野球の練習と勉強を両立するのは大変だ。むしろ、社会人のほうが甘いとさえ感じた。

「この子らは、練習後、家に近いやつはまっすぐ家に帰って勉強します。遠いやつは、駅前の塾の自習室を借りて、今日の復習や課題、明日の予習をする。それをこなしてから一時間か一時間半かけて帰宅する。電車の都合があるので、大体22時半ぐらいの電車に乗るんだと思うんですよね。遅いやつは23時半とかになるんじゃないですか」

疲れたからといって練習を休んでいられない。勉強も同じだ。

確かに、文武両道の選手は自らを律して、野球も勉強もよくやってる。ただ強豪私立は私立で野球に関してはやっぱりプライドもあるし、「俺は負けたくねえ」という意識は高い。そういう意味では愚直だと思う。今の進学校の子どもたちは抱えているものが多くありすぎて、そこまで一心不乱に愚直になりきれないのも事実だ。

親子関係

「何て言うのかな、あまり不平を言わないです。怒られたら、怒られっぱなしですもの（笑）。『向かってこいよ！』って思います。最近いなくなりましたね。昔やったら、『何言うてんの？』というような顔をしとるやつがいましたね。男の子っぽく切り開いていくんだったらいいけども、単純に反抗しているだけのやつっていますよね。それは、もうはなから相手にしないし、周りも相手にしない」

「そこまで言われたくないよ！」というような顔をする選手が最近なかなかいないという。荒々しさがなく、みんながみんな優しい。おそらく母親が大事にしてくれているためじゃないかと分析する。つまりマザコンの傾向が〝男〟の部分を欠落させている。

「親子関係が今はすごく良好です。でも、それがダメではないと思うんです。そういう世の中だし、やっぱり受け入れてやらないといけないと思うんです。だけど、最後にお父さんお母さんにいつも『どういう大人になってほしいですか？』と聞くと、みんな『自立して、自分できちんと何でもできる大人になってほしい』と仰います。この子らはリーダーにならないといけない子たちなんだから、自分のことを置いてでも何かのために誰かのためにできるやつになってほしいなというのが僕の思いなんです。最初の保護者会のときに『自分のことは、ホンマはできて当たり前なんです、この子らは』と言います。そうでないと野球を引退して勉強だけになったときにこの子らが力を発揮するのは、自分のことだけになるからですと。野球って、自分のことだけじゃない。チームのためにとか、誰かのために自分を犠牲にせなあかんことがいっぱいあって、その中である意味感情もいろいろ殺して、過ごしていかないといけないじゃないですか。仮に部員が七〇人いて、ベンチに入れるのは二〇人で、レギュラーはそのうち九人。その子らが自分たちの仲間に『こいつらが代表者なんだ。それを支えていくんだ』という気持ちを持てるかどうか。レギュラーで出ている子は、すごい責任感とかプレッシャーを感じているんですよ。自分のために控えがいるわけですから、〝控えのやつらのために〟とどれだけ思えるか。お互いに何かのために戦っていると思うんですよね。僕はそれでいいと思うんです。気持ちよかったからとか、そんなんじゃない。『僕は、後ろで応援してくれているチームのために、できることを今一生懸命やっているんや』と、試合に出ているやつは思わないといけない。出てないやつは、何とか出ているやつがうまく機能してくれるように何かできないだろうかと思わないといけない」

昨年の三年生の主務とキャプテンが夏の大会前にこう言ったという。

「最後の夏だからといって、二年生のこいつらに変なプレッシャーを掛けると、こいつらのいいところが消えてしまうから、こいつらが伸び伸びできるようにやっていこう」

村中監督はそれを黙って聞いていて、「大人だな」と思った。

逆に二年生のやつらが、「ここまで先輩が言ってくれて、やってるんやで。自分らもちゃんとやらなあかん」と思えたかどうかでチームが一体になるかが決まる。

当時、二年生でベンチ入りし、三年生になった今、不動の一番バッターの森杉亮太選手。身長178センチ、体重75キロと均整のとれたガッチリとした体格で、大阪桐蔭戦では八回にレフトスタンドに放り込むホームランで一躍脚光を浴びた選手でもある。

「二年の夏に初めてベンチ入りして、その夏の大会の準々決勝で初めてスタメンで出させてもらいました」

ちょっとハニカミながら話す。照れもあるだろうが、考え込むタイプというより自然体で受け答えできるようなタイプに思えた。野球のことよりあえて勉強について聞いて、どういう反応が返ってくるか、見たかった。

「勉強はもう……全然ダメです。成績は下っ端です。やってるんですけど、全然伸びないんです。練習が終わってから塾に行ってるんですけど、やり方、効率が悪いと思うんです」

こちらを警戒もせず屈託なく本音で話をしてくれて、なんだか嬉しい気持ちになった。野球だけやればいいのではなく、苦手な勉強も自分なりにやらなくてはという思いが痛いほど伝わってくる。

「彦根東もギリギリで入ったんです。中学時代の模試の判定も悪く、絶対に受からないと言われていました。それでも野球をやりたかったので彦根東を受けました」

ニコッとした笑顔に惹《ひ》き付けられる。

成宮翔磨《なるみやしょうま》コーチに言わせると、驚異的に伸びた選手のひとりであるらしい。

「ある日、あいつが放課後の教室に、ひとりで椅子に座っているんです。『おまえ、早く練習いかんと』って言うと、『いや〜友だち待っているんで』『アホ、練習行くほうが先やろ』って返すと、ニタ〜って笑って『そうですね〜』って、のほほんと言うんです。あいつはオットリしているというか、大物というか……面白いやつです」

グラウンドにいても、飛び抜けて身体が大きいわけではないが、確かに目立つ存在。中学校時代はクラブチームだったが、レギュラーではなく、一回もベンチ入りしていない選手だった。高校に入ってから身長が伸びて、体重が17、18キロ増え、身体ができたことで才能が開花した。

「試合のときは緊張しません。今まで対戦した中ですごいと思った選手は特に記憶にないです」

このコメントを聞いたときに真っ先に感じたのは、プロで活躍している選手が高校時代を振り返ったときに発する言葉と一緒だということ。流れを無視して、プロに行きたいかどうか聞くと、

「……はい」

ちょっと躊躇《ちゅうちょ》して答える。こういう発言をしていいのか、珍しく考えてしまったのかもしれない。

再び勉強のことを聞き、成績について触れると、

「ほんまに下っ端です（笑）」

成績についてだけは、ハッキリ答えてくれた。

夏の大会前は、選手とできるだけ会話することを心がける。何で会話するかというと、互いの信頼感を埋めていく作業であり、「こいつはどんなことを考えているんだろう……」と掌握し切れてなかったら采配なんかとれるはずがない、と村中監督は言う。

野球場での自分と日常生活の自分を単純比較するだけで、まったく違う人間性を見せるやつもいる。どっちが本当なのかと思案するが、実はどっちも本当なのだ。

「例えば、冬の間選手たちにずっとヨガをさせたんです。ヨガって野球とまったく違う世界じゃないですか。自己完結の世界なんですよね。自己完結するんですけど、自己を開かないといけない。独特の世界なんです。だけどその感覚を大事にしようっていう自己喚起の世界でもある。解放しながら自己完結する世界という非常に矛盾に満ちた世界。これをヨガの先生にしてもらってました。ヨガって闘わない世界ですから自分とは闘わないですよ。闘ったら修行になってしまう。ヨガは解放するんです」

頑張る自分と頑張らない自分のちょうどいいバランスでやるのがヨガ。頑張ったらダメ、頑張らないのもダメだが、頑張らずにできるところをどんどん深めていく。自分の心地よいと思う感覚でいいのだ。

でも、野球は頑張るしかない。頑張る、踏み止まる、死ぬまで頑張る、の繰り返し。

だけど、自分というものを知るためにはどこまでできるのかという限界点と、自分はどうしたら心地いいのか、どうしたら気持ち悪いのかという感情は一見違うように見えるが実は同じ部分である。要は己を知ることが大切なのだ。

「ヨガを知ると、人間って面白いなーって思います。人によって受け取り方が違うんです。はじめは周りを見て確かめるんですよ。僕はその瞬間に『周りを見るんやなくて、先生の姿を見て先生の言葉を聴いて、自分でやろう』って言ったんです。そうすると、みんな違ったポーズになってくるんです。野球は自分の感覚でやらないときが多いけど、ゾーンに入ったら自分の感覚しかない。ピッチャーと対戦するときは自分の感覚のみ。そういった感覚が瞬間的にあるときがあるから、それを大事にせないかんのです。今日ってなんか行けそーとかいうのも、そんな感覚じゃないですか。でも、それだけで終わったらいけないのが野球なんです」

野球は感覚だけのスポーツではなく、社会的なスポーツなので人との繋がりを大事にする。ヨガは別に人と繋がらなくてもよく、言ってしまえば自然とさえ繋がっていればいい。だからこそ、自己を解放する。

これはある意味、日々の営みに忙殺されている現代人が一番忘れている感覚なのかもしれない。

線引き

当たり前だが、学校と野球部、そして父母会が三位一体にならない限り野球が強くなることは絶対にあり得ない。

「ちゃんと線を引かないといけないところに線を引けているかどうか。後援会で『協力してほしい』という言葉を出すが、一緒になってやるということはもちろん理想なんですけど、逆に、線を引いていけるかということ」

教育の一環として、学校内の部活動のひとつである野球部。学校側の協力態勢として、野球部としてある意味、線が引けるかどうか。

「もうちょっと言うと、野球部は特別であるということを学校側にも少し……。他のクラブと同じだと思われると、ちょっとややこしいというか……。今、校内を見渡しても誰もいないでしょう。この時間、野球部だけですよ、クラブ活動しているのは」

彦根東の完全下校は、18時40分。野球部だけは、球場へ行ったりと移動に時間がかかるということで、特別事情クラブとして一時間延長の19時40分となっている。

「実際の練習時間はやっぱり少ないです。一時間は、他のクラブよりも認めてもらっているというのが現実です。大体19時半ぐらいを目途にして終わるという形になりますね。ただ、六限の授業のときには15時に終わるので、練習時間は約四時間ほど取れます」

　練習時間が二時間と三時間では大して差はない。しかし三時間と四時間では、一時間違うだけですごく差がつくと村中監督は言う。三時間と四時間の場合だと、根本的に練習の中身が変わり、基礎的なトレーニングをきちんと入れたうえで実戦練習に臨める。きちんとした工程のメニューがひとつ増えるかどうかで大きく変わってくる。

「この子らは学習能力が高いんですけど、学習を継続しないと忘れるんです。ボールを投げるのも忘れます。進学校の特性とは違います。本能でやっているのではなく、積み上げてやっているからだと思うんです」

　村中監督がそう懸念するには訳がある。テスト一週間前と、テスト期間中の部活動が禁止となり、合わせて二週間丸々部活動が禁止となる。

「せっかく積み上げたものが、二週間休むと元に戻るんです。そこから上がってくるのに二週間ぐらいかかるでしょう。その繰り返しをしている限りは絶対上手くならない。テストー週間前は休むんですけど、自主練習をやったりとかしています。テスト期間中は、一時間は練習しています。終わる時間がみんなバラバラなので、一番早く終わったやつに合わせて、一時間練習をやりますね。一週間休むだけだと身体はまだましなんですけど、二週間空いちゃうとどうしても忘れますね」

身体で覚えたことを休むことで忘れてしまい、その繰り返しだと身体が慣れていかない。身体作りにおいて、休みというのは当然大事なことだが、「休むと忘れる」ということを前提にしないといけない。

「ピッチャーなんかでもずっと休ませてしまうと、投げ方を忘れてしまいます。ウチは冬でも放っていますから、投げ方を忘れないんです。例えば、冬に肩を休めるために二〜三週間ぐらい放らさないで、体力トレーニングをやったりするじゃないですか。春先にボールはキレてくるんですけど、無理して投げるからどこか痛めたりします。ウチなんか、寒かろうが何だろうが冬の間中全力で放ってますので、春先に〝痛い〟とか言わないです。変わった練習というのはしていないです。ただ普通のことをやっているだけ。他の学校となんも変わらないと思います。やっぱり、バットを振る時間を長くすることや、ボールを打つ時間を長くするというのは当然必要なことです。一時間、二時間ぐらいの練習だと、ちょっと難しいかもしれないですよね。ウチは、グラウンドで素振りさせてしまうので、別に家でやらなくてもいいと思っています」

練習メニューの中に、毎日ではないが学校のグラウンドで、皆一斉に素振り三〇〇回振るといったメニューも加わっている。とにかく、どれだけ多くバットを振れるかだ。

家で、素振りといった自主練はやっている者もいれば、家に帰ったら切り替えて勉強だけするといった子もいる。そこは、大人の論理と一緒。仕事は職場だけでやる者もいれば、仕事を家に持ち帰ってやる者もいる。

「入学時から選手たちの意識は高い。春の大会は、入学して一番最初に見る大会じゃないですか。そこで先輩たちがいきなりベスト4に入っている。これが当たり前のレベルなんだと思うんです。これは、いい流れをもらっているなと」

入学したばかりの新一年生が、四月の春季大会で、先輩たちがいきなりベスト4に入る活躍を見せられる。「俺たちもここに入らないといけないんだ」という思いに駆られ、その思いが当たり前になってくる。ここ四年連続で春季大会ベスト4は、彦根東にとって非常にいい流れなのだ。

名将がよく言うのは、「甲子園に行くチームを作るのではなくて、甲子園で勝てるチームを作る。じゃないと甲子園では勝てない」。

確かにそうだ。かっこいい言い方だと思う。だがそれって口ではなんとでも言える言葉。ある意味、潤沢な設備、環境が整っているから言える部分もある。

甲子園で勝ったことがなくても、甲子園に行ったときに勝てるチーム作りを今するしかない。

たとえ、甲子園に行く可能性が低くても、甲子園で勝てるチームを作るしかない。そうやって受け継いでいくしかないのだから。

幻のノーヒットノーラン

念願の文庫本にまとめるにあたり、この三年間で進化し続けている彦根東に追加取材を申し込み、監督、選手たちに話を聞いてみた。

二〇一八年一月中旬、そう大寒の頃だった。

「うまくいけば春に脱皮した姿を披露できるかも……」

彦根東の村中隆之監督は、褐色に焼けた端整な顔立ちからこぼれそうになる満面の笑みを必死に隠そうとしながら言う。こんな含みのある言い方は珍しいと思いつつ、まさか現実になるとはこのとき想像だにしなかった……。

二〇一八年三月三一日、第九〇回センバツ甲子園三回戦第二試合の彦根東対花巻東。

花巻東は村中監督にとって因縁の相手でもあった。監督として初めて甲子園に出場した一三年夏の甲子園二回戦で花巻東に5対9で敗れている。「花巻東と当たればいいな～」と密かに思い描いていた。それが実現し、まさかこんな展開になるとは夢にも思わなかったに違いない。

「幻の九回ノーヒットノーラン」

彦根東のサウスポー、増居翔太《ますいしょうた》投手が快挙達成寸前のところで、野球の神様にほんの少しだけ嫌われた。そうでも思わないとやりきれないくらい、完璧なピッチングを披露。171センチ、64キロと細身だが、マウンドに立つと数字以上に大きく見え、小顔のせいか、なで肩気味の肩幅ががっちりと目立ち、手足が長く、非常に均整の取れた身体から醸し出される佇《たたず》まいがまさにピッチャー然としている。

終始淡々とした表情で流れるような無駄のないフォームと打者の狙いを読み取るかのような頭脳的な投球スタイルで、花巻東打線に1本もヒットを打たれずに九回を投げ抜いたが、打線の援護もなく0対0で延長戦。この時点で公式記録にはならずあくまでも参考記録。それでもあの甲子園で九回ノーヒットノーランをやったことには変わりない。

春夏の甲子園大会で、九回までノーヒットノーランで延長戦に入った試合は他に四試合ある。一九三三年（昭和八年）夏の中京対興国、五七年夏の早稲田実業対寝屋川、八四年夏の境対法政一、二〇〇九年春のＰＬ学園対南陽工で、その中で唯一延長戦ノーヒットノーラン（延長一一回1対0）を達成したのは、五七年の早稲田実業の王貞治（現・ソフトバンク球団会長）ただひとりである。

延長戦になった瞬間、スタンドで見守る観衆、テレビに釘付《くぎづ》けになる視聴者とともに「なんか、まずいな……」と、過去の歴史を知る由もないが、嫌な予感が漂った。

一〇回裏、先頭打者四番紺野に投じた133球目がすべてだった。インコースストレートをうまく弾き返され、ボールはライトの芝生に落ちた。皆が「嘘《うそ》だろ!?」と思いたかったが、スコアボードにはHの赤いランプが初めて灯《とも》ったのを見て現実だと認識せざるを得なかった。誰もが歴史的瞬間の証人になりたかったが、この一打ですべて露と消えた。

その後は、四球と三遊間を抜けるヒットで無死満塁、次打者に中犠飛を許してサヨナラ負け。

野球の神様はどうしてこうも無情な試練を与えるのだろうか。

「ひと回りしたところでまだヒットを打たれていないのがわかり、それからずっと意識してました。ヒットを打たれてからの次打者への攻めが課題だったので、『初ヒット後だ。初ヒット後だ』と思いながら投げていました。正直あの試合、どんな球を投げていたのか2、3球くらいしか覚えてないです。ただ九回裏が終わったとき大歓声があがったので、一瞬勝ったのかと思いました。それくらいスタンドからの声がすごかったですね。チーム的にも九回裏がピークになった感じでした。延長になってガラッと雰囲気が変わったのは感じました。普通はヒット1本で心を動かされることはないですけど、映像を見ると、あの1本で変わりましたね。ぶつけてもいいくらいの覚悟でインコースへ投げるべきでした」

訥々《とつとつ》と語る増居は、遠い過去のことのように割り切りながらも克服すべき課題を見つけ邁進《まいしん》している。それでも、この幻のノーヒットノーランによって全国区となり、世代最強サウスポーとなったのは変わりない。

時に突然変異は現れるものだが、増居は違う。村中監督が気を配りながら壊さぬようにコツコツと育てあげた。

「一年の秋の大会が終わるまでまったく投げていないんです。中学校のときに腰椎分離症になり、コルセットをはめたまま最初は練習していたので、練習試合でも二年生のチームに一回も帯同することはなかったです。新チームになって秋の大会は外野で使ってます。守備力が非常に高いんで、今のチームの中でも外野では一番上手いですね」

とにかく村中監督は、腰のこともあるため、入学してから秋が終わるまで増居に投げさせず、身体作りを徹底させた。秋の大会が終わり、そこからひと冬をかけて徹底的に投げ込みさせ、二年の春に満を持して公式戦デビューとなった。春の県大会では準々決勝の滋賀学園で初登板させ、そして決勝の草津東戦は4安打、13奪三振の完封で優勝を飾った。

中学時代の増居は地元の稲枝中学軟式野球部に所属し、マウンド上では割と感情を露《あらわ》にするタイプだった。時には吠《ほ》えたりもしていたが、それには訳があった。中学では結果よりも当たり前のことを率先して行動することを評価する傾向がある。柔軟性を持ち、効率化を重視する増居にとって、ある意味窮屈で仕方がなかった。しかし、彦根東に入り、結果を出すことが大事という指導方針が増居にハマったのだ。

村中監督はとにかくピッチャーの駒を三枚四枚と増やさない限り夏は勝てないと思い、八人の投手陣に競争をさせ、四人に絞った。その中でもエース格になるのが増居であると決め、二〇一六年の年末に逆算してみた。一七年の夏の決勝で増居に投げさせるためには、どうすればいいのか。そのためには、最低二枚のピッチャーが必要だと。

「春の大会、それも近畿大会では抜群に良かった。やりたいことをすべてやれました。初戦の龍谷大平安には勝ちにいきました。二回に2点取られましたが、たまたまセンター前にコロコロって転がって入ったもので、2安打しか打たれず、会心の当たりは一本もなかった。九回完投し、増居のメドがたった。そして次の大阪桐蔭です」

近畿大会初戦は強豪龍谷大平安に3対2で勝ち、次の対戦相手は一七年センバツ甲子園優勝の王者大阪桐蔭。絶対王者の大阪桐蔭と滋賀県の公立進学校の彦根東。傍目《はため》には分が悪いとしか映らないだろう。だが、前述にあるように一五年の春季近畿大会で大阪桐蔭を破っているのだ。

「大阪桐蔭相手に一番遊びました。勝ちにいっていない。ここで勝っても甲子園には行けないし、試しにいっていた。もちろん選手にはこんなこと言わないです。センバツ優勝校と戦えることで選手は楽しんでやれるんなら、監督も楽しんでやらなきゃと思って、試せることは全部試してやろうって気持ちになりました」

先発は当時二年生の小柄な左サイドスロー原功征。スローカーブを武器に大阪桐蔭打線を手玉に取る。3対2と1点リードのまま八回増居に継投。王者に対してどのくらい通用するのか。八回はファーストフライ三つで終わり、九回に2点取られはしたが、あの王者大阪桐蔭がストレートに振り遅れている。村中監督はこれで確信を持てた。あとはピークを夏の決勝に持っていくために練習試合でどう投げさせようかと腐心した。

そして、村中監督の半年以上前から決めていた増居を軸としたローテーションをそのまま敢行し、増居には三回戦の滋賀学園と決勝の近江に投げさせ、見事県大会を勝ち抜いて夏の甲子園の切符を手にした。

一七年夏の甲子園開幕第一試合で波佐見《はさみ》に6対5のサヨナラ勝ちという最高の勝ち方で甲子園初勝利し、二回戦の青森山田には2対6で負けはしたものの、増居は何よりも大きな経験を手に入れた。

滋賀に戻り、新チームが始動した。エース増居の世代となり期待はさらに高まったが、秋季大会に入ってもなかなか調子が戻らなかった。一七歳の高校生がピークを夏に持っていき、秋もそのまま持続できるほどスーパーマンじゃない。それでも秋季大会では甲子園で投げた自信と名前でなんとか粘り強く投げ抜いた。

「おい、調子はどうや？」

村中監督がずっと調子が上がらずにしっくりきていない増居に声をかけると、

「はい、あまり良くないですが、甲子園で対戦した打者とはスピード感が違うんで、楽です」

飄々《ひょうひょう》とした顔つきで言う。

むしろ練習試合では、甲子園クラスのスピードを感じることもあり、そういうときは必然的にギアを上げる。一七歳で得た貴重な経験は、そのまま自信と勢いに変わる。

「去年の秋の時点でMAX139キロ。大体132〜135キロの間。下手に変化球を覚えさせないほうがいいかなと。増居の一番の持ち味はストレート。あれだけストレートを張っていても振り遅れるんですから。だから増居には『ストレートを磨いていけば、変化球は勝手に曲がる』と暗示をかけてます。コントロールはいいし、腕はしなるし、出処は見えにくいし、股関節をうまく使えるようになればもっと球速は上がります」

村中監督は自信を持って答える。

センバツ甲子園では初戦でMAX140キロを出し、花巻東戦の九回にも出した。伸び盛りの若竹のごとく、甲子園のマウンドで躍動していたエース増居は、夏にピークを持っていくための調整に余念はないと思うが、秀才と言われる彼はどう考えているのだろうか。

「センバツでは結果として九回までノーヒットノーランでしたが、課題が浮き彫りにされたので一回リセットして野球に対する姿勢を見つめ直し、意識を高めて貪欲に夏に向かっていきます」

大物ピッチャーにありがちな朴訥感《ぼくとつかん》を漂わせながら、動じない姿勢はすでに超高校級のオーラを纏っているようだ。〝京大志望〟がメディアで大きく報じられ、部では野球は高校までと報道されているが、果たして実際はどうなのか真意を知りたかった。

「一年の最初の頃、まあまあ成績良かったので、リップサービス的に言ったのが大事になってしまい……、僕の失態です。野球で大学というのは考えてないです。野球も高校までというのが本意で、そのつもりでやってきましたので」

細々だが、滑舌良く通る声を発した。飄々と見えても自分の中には確固たる何かを持ち、それを簡単には吐露しないという強い意志の表れのように感じた。野球は高校までと決めていたのにセンバツ甲子園が終わり、急に周りの大人たちがいろいろなことを言ってくる。自分の人生に他人がとやかく口を出してくることで、平常心が信条の増居にとっていささか居心地が悪い時期もあったに違いない。それでもマイペースで過ごしている。

「きっと、あいつは困難な道を選ぶと思います」

村中監督はそう呟《つぶや》く。

どうしても彼の本音を聞き出したく、いろんな角度から質問を投げかけてもピッチングのようにはぐらかされてしまう。気付いたら手玉に取られていたという感じだ。センバツ甲子園やノーヒットノーランのことなどもはやどうでもいいし、ましてや遠い未来のことなんかよりも、今は夏のことだけを考えたい。そんな思いを心に秘めながら馬耳東風というか、こちらが熱く語りかけても右から左へと受け流す。ポーカーフェイスがスタイルのせいか表情をほとんど変えず、それでいて嫌な気持ちにさせない。なんとも独特の空間を作り出す不思議な投手だ。

なんとか魂を揺さぶりたく、最後にこう投げかけてみた。

「京大四年時のドラフト後に一位指名の取材をさせてもらいますから」

一瞬ニヤッとして、軽く会釈をして立ち去っていった。

一〇〇回記念大会

言わずと知れた日本の夏の風物詩と言われる甲子園。今年は一〇〇回記念大会ということで例年になく盛り上がるのは間違いない。センバツ出場チームとして夏も当然狙っていくが、マークもきつくなっていく。

「チームにとって一番の目標は、夏の甲子園に行くこと。ここに合わせてチームを完成させる。

正直、センバツ発表の前なんかはまな板の鯉というより、センバツに行くつもりで冬を過ごしました。選手には『おまえたちの目標はどこなんや？　夏の甲子園やろ。そこが100％だとしたら、今が40％としてセンバツは65％くらいでいいんや。センバツの準備ではなく夏のための準備や』と言いました。冬は、まだまだ身体の線が細いので身体作りとバットスイングのスピード強化を重点的にやってました」

秋季地区大会で優勝、準優勝はほぼ確実にセンバツ甲子園に出場できるが、当落線上にいる高校は気が気じゃない。負けたチームは目標を夏へと切り替えられるが、センバツの可能性が少しでも残されている選手たちは正直落ち着かないはずだ。でも、彦根東は違った。当落線上にあったが、センバツへ行くという強い意志でひと冬を過ごした。言霊ということじゃなく、変な期待感を吹っ切るための決定事項だと思う意識。不安や迷いをなくすための措置ともいえる。

「誰よりも甲子園に行きたいと思っていたのは、キャプテンの高内《たかうち》希《のぞみ》じゃないでしょうか」

高内といえば、センバツ甲子園の初戦の慶應を相手に八回に逆転スリーランを放った強肩強打の捕手。高内にとって甲子園はある意味悔しい場所でもあった。そもそも高内はピッチャー出身で137、8キロを投げる本格派だったが、昨年六月半ばに村中監督と話し合い、キャッチャーに転向。その後、夏の大会メンバーが発表され、二年生は5名選ばれ、高内も背番号18でベンチ入りした。しかし、夏の県大会準々決勝八幡商業戦で負傷退場したレギュラーの代わりに出たレフトの守備で真正面のライナーを落とし、打撃でも簡単に三振、すぐさま交代させられた。結局、夏の甲子園メンバーからは外されてしまった。

高内は自らこのときの思いを聞いてほしいと言い、語ってくれた。

「甲子園メンバーから外されたのは本当に悔しかった。おまけに新チームのキャプテンとして練習しておけということで甲子園にも帯同できませんでした。さすがにこのときはものすごく落ち込んで、心が折れかかった感じでした。僕がエラーした代わりに守備要員で入った三年生の仲川（俊哉）さんがそのまま甲子園メンバーにも選ばれたので、頑張って活躍してほしいなと思いながらも、悔しい思いはずっと拭いきれませんでした」

当時の悔しさを滲《にじ》ませながら高内は静かに続ける。

「その仲川さんが、夏の甲子園二回戦青森山田戦最終回でホームランを打ったんです。怪我もあって公式戦打席数ゼロなのにホームランを打ったのを見て、自分が外れた理由はこういうことかと思い、立ち直れたんです。その後、甲子園から学校に戻ってくると、普段ツンデレの仲川さんが『おまえも甲子園でホームランを打ってくれ』と18の背番号とバッティング手袋を渡すんです。あのホームランのおかげで本当に救われた気持ちになりました」

　高内はうっすらと涙をにじませながら、晴れ晴れとした顔つきで話し終わった。

　球児といえども、長時間取材をしたからといって簡単に心の内を話さない。むしろ大人以上に警戒して話す。それが、自ら話したいと言ってきたのだ。センバツでホームランを打ち、それも二一世紀生まれ初のホームランということで話題となった。取材を受けても表面的なことしか聞かれず、ホームランを打ったという結果だけに着目する。そうじゃないんだ、と訴えかける思いで話してくれたのがヒシヒシと感じられた。

　甲子園に行けるチャンスがあれば学年など関係ない。ましてや県大会ではメンバー入りし、甲子園メンバーで外される。言葉では言い表せないほどの悔しさが身体中に充満している。その思いは当人しかわからない。そこからどう前を向くかは人それぞれだ。そのまま腐るのは簡単だ。でも、なんとか前を向こうともがき苦しむ。若いから立ち直りも早いと思いがちだが、若いからこそ苦しみも深い。ましてやいろいろなものを犠牲にしながら打ち込んでいる野球。すべては甲子園に行くためだ。夢の場所に行ける権利を得たのに寸前で断たれる。悔しくて悔しくて何もかもブチ壊したくなる衝動に駆られる。でも、次期キャプテンゆえに誰にもこの思いを悟られてはいけないと感情を押し込め、苦しみながらなんとか乗り越えた。苦しい思いをたくさんして皆、大人になっていくのだ。

「今、こうやって野球がやれるのも、あのホームランのおかげです」

堂々と話す高内の姿がなんだかキラキラして見えた。

花巻東戦のノーヒットノーランについてもキャッチャーの意見として「受けてても ものすごく気持ちよかったです。サイコーでした」と何度もリフレインしながら心底嬉しそうに屈託なく話す。

一八歳でこんな経験ができ、自分の純粋な思いを真正面からぶつけられるなんて、ものすごく幸せだよなぁと、完全部外者ながら嫉妬にも似た感情が沸き起こったほどだ。

思いが強いだけでは夢は達成しない。まずは現状を冷静に分析し、弱点を補修する行動を即座に起こす。そして、仲間の思いを感じとらなければ夢は実現しない。ひとつひとつのプレーには、いろいろな意味が込められていることをあらためて知らされた。

文武両道の進学校のキャプテンで捕手というポジション柄、頭脳明晰のイメージがある高内の志望校は、神戸大学。三つ上の兄・優も彦根東ＯＢで神戸大野球部に所属していることもあり、いくら私立の名門大学からの勧誘が来ても国立一本は揺るぎない。

「野球をやって、勉強も一生懸命やっているのに、野球で私立に行ったらここに来た意味がありません」

一八歳でこれだけ断言する高内が少しだけ逞しい大人の顔に変貌していた。

複数投手制

増居がいかにすごいピッチャーだろうと、増居ひとりで勝ち抜けるほど夏の大会は甘くはない。

夏も甲子園に行くためには、五試合ある内の二試合を増居が投げるとして、後の三試合を任せられるピッチャーを育てない限り甲子園には行けない。だからこそ、昨夏の甲子園でも投げた左のサイドスロー原功征のピッチングスタイルをチームがうまくケアできるかどうかが重要だ。

「昨年秋の大会では、最初から原を使うつもりはなかったです。原というピッチャーが活きるのは、守備力を完成してこそ。緩いボールで打ちとるタイプなのでコンと当てられて野手の間にポトリと落ちたり、ガキって強いゴロになったり、またはカキーンと大きいのを打たれる場合もある。ケアできる判断力も含めて内外野の守備力を高めていかないとアウトを取れないピッチャーだと考えてます。増居の場合はアウトの打球が野手にとって優しい。強烈なゴロがいかないし、カーンと高く上がって落ちてくるというのが多いから野手にとって守りやすい。原はボールが緩いから、コンと当てられて上がりきらずにポトって落ちてきてヒットになったり、ガーンと振られてボテボテとか結構あって、新チームにとってはまだ慣れてないから判断を誤って一歩遅れたりしてアウトを取りきれてない。変に自信をなくすのも困るから秋は使いませんでした」

センバツのことよりも夏を見据えてあえて起用をしなかったとは……、頑固というより覚悟がなせる技だ。目先の勝利よりも、本人の自信を含めて勝つためのチーム作りを実践している。

二季連続甲子園に行ったことで、甲子園で勝つためには何が必要で何が足りないのか、優秀な選手を獲っている私学強豪に立ち向かうためには、勝ち方のパターンをいくつも持っていないと上にはあがれないことを村中監督は身に染みて感じている。

史上三校目のセンバツ連覇した大阪桐蔭は全国から超トップ級の選手を集め、世代最強チームを構成した。根尾、藤原は一年夏からベンチ入りし、中川、山田らとともに一年秋からレギュラー、さらに柿木、横川も控えのピッチャーとしてベンチ入りし、センバツ連覇の立役者となった。ドラフト候補生が五人も六人もいる王者大阪桐蔭に公立ごときではもはや太刀打ちできないのだろうか。

「大阪の府立で僕らのようなコンセプトでやれるのであれば、大阪桐蔭を食える可能性はあると思います。今の大阪は、大阪桐蔭、履正社《りせいしゃ》の二強で、どこもコテンパンにやっつけられているので、うちのチームはひとつのモデルとなっていると思うんです。センバツ優勝した根尾の世代は確かに特別の世代であり、うちの選手と比べたら段違いに凄いんですけど、そんな周りが言うほどすごいわけではない。向こうが１００としたら、こっちは土俵際で65から70の力で立てる。つまり70の力があれば公立でも勝負になるってことです。あとは運というか、ここでボールの行方がどうなるかわからないところまで持っていけるかどうか……」

最初から諦めていてはますます私学偏重主義になり、甲子園大会はプロ予備軍のドラフト品評会となってしまう。そうならないためにも、公立の学校の奮起が期待され、過去大阪桐蔭との公式戦において1勝1敗の互角の勝負をしている彦根東がひとつのモデルケースとして参考になるのは間違いない。コントロールがずば抜けて良い左ピッチャーを軸に、どれだけピッチャーを育てられるか。打力が強いチームは得てして軟投型に弱い傾向がある。現に、１６７センチのサウスポー原が一七年六月に履正社との練習試合で登板し5対3で勝っている。四番の安田尚憲《ひさのり》（現・ロッテ）をスローカーブで三振に斬ってとり、試合後、安田は「遅くてややこしい」と関係者に呟いたという。ピッチャーを作れといっても相当困難な作業であるのはわかっているが、それでもやるしかない。諦めた時点で何もかも終わり。複数投手制が定着しつつある今、個性派投手が増えてきている。左腕でチェンジアップやカーブを駆使したり、低めの抜群の制球力で勝負するなど、指導者も快速球だけを求めることが少なくなった。１４０キロは今や当たり前。150キロ前後の球を持っていないと本格派とは言われない時代だが、そんな剛球を投げる投手は簡単には輩出されてこない。複数投手制だからこそ、タイプが違った多彩な投手のほうが継投しやすくなるというものだ。

とにかく一発勝負の高校野球。一〇回やって一回勝てるかどうかの相手に対し、その一回を公式戦に当てていくにはどうしたらいいか。

「うちは弱いですよ、下手ですよ。でも下手だから勝てないというのは理由にはならない。うちのチームの一番いいところは監督と選手との信頼関係です。選手が監督に対して不満もなく、僕も不満はないとはっきり言えます。三年前のチームはちょっとヤンチャなチームで、目を離したら少しでもサボったろうかという感じで、力はあったけど最後勝ちきれなかったチーム。それを次のチームが『あの先輩たちが勝てなかった理由はなんやったんやろう……』とずっと考えていて、『僕らはそうならないようにしよう、日本一いいチームを作る』って言って、その集大成が去年のチーム。春の近畿大会で大阪桐蔭に勝った試合を一年生で見ているし、その夏、初戦で負けたのも見ている。明暗を見せられた思いもあって、彼らはずっと日本一のチームになることを考えて野球をしていた。苦しいときほど前向きで、口癖のように〝甲子園行くぞ〟とずっと言っていた。それが春季大会優勝し、そのまま夏の甲子園出場にも繋がった。そんな姿を見ていたのが今のチームで、その魂をきちんと受け継いでいるんでしょうね」

先輩の戦う姿勢を見て何かを感じとった今の世代は、〝絶対に甲子園に行く〟という思いを常に言葉にし、自分たちを鼓舞し高める。自分たちにできることはなんだろうか。技量では先輩たちにはまだ敵《かな》わない。だったら最後まで諦めない姿勢を貫こう。それがチームの勝負強さに繋がっていく。〝勝負強さ〟はスポーツの上で一番のテーマであり、どうやって身につくか誰も教えようがない。でも、選手たちは「最後はなんとかする」と強く信じて思うからこそ、どことやってもそこそこの試合ができる。

「常に口を酸っぱくして言っているのは『原点に戻る』ということ。原点とは何かを何度も確認する。甲子園に行くというのが最大の原点であれば、そこに行くためには何をしてきたのか。例えば、日常の約束事で言えば、靴を揃えておくことや身だしなみのチェックをもう一度冷静に振り返ることができるかどうか。だから〝最後に迷ったり不安に思ったら原点に戻ろう〟を合言葉にしたら、靴をきちんと揃えているか確認したり、丁寧にバットを構えようと試みたり、当たり前だったことが徹底されていきます。そこで失敗が起こらなくなると、変なところで取りこぼさなくなります」

当たり前のことを徹底できると「これだけやっている」という自信を持ち、やがては強さにも繋がってくる。だから過酷な練習をすればするほど、こんだけやったんだという自負心が芽生え、動じなくなる。だけど、いくら真面目に一生懸命やっても平穏無事にいかなくなり、焦燥感に駆られることだってある。やることすべてが裏目に出て嫌になることだって二度三度じゃない。そんなときこそ、やみくもに前進していたのを少しだけ立ち止まってみる。

「自分は何のためにやってるのか……」と冷静に自分を見つめ再確認する。毎日集中してやっていると目の前のことが優先で意外と原点を忘れがちになるもんだ。

一度も躓かないやつなんかひとりもいない。躓いて倒れたっていい。自力で起き上がってまた前を向いて走れるかどうか。最初に掲げた目標を何度も何度も思い起こせば、傷つきながらでも立ち上がることができる。立ち上がれば、ゆっくりと走り出すこともできる。人は何かの目標に向かうことでモチベーションが上がる生き物だ。日々忙殺されることで、その目標をつい忘れがちになったって別にかまいはしない。

原点さえブレてなければ、必ず動き出せるんだから。

センバツ甲子園の二一世紀枠とは、二〇〇一年の第七三回から設けられた制度で、部員不足や設備が乏しいといった恵まれてない環境の中で困難を克服し、ボランティアに積極的に参加して地域の模範となっている高校を3校選出（〇七年まで2校）する制度。条件は、秋季都道府県大会ベスト16以上、また参加129校以上の都道府県はベスト32以上の成績を残していること。言うなれば、甲子園に出られない学校の救済枠だ。この二一世紀枠というシステムは垣根を越えて、ラグビーでは「チャレンジ枠」、テニスでは「ドリーム枠」が設けられるほど、他のスポーツにも影響を与えている。

定着した感がある二一世紀枠だが、さまざまな問題点をかかえているのも事実だ。例えば、秋季地区大会にも出場していない高校に負けた高校が選ばれたり、他校の模範となる校風が推薦理由だったのに不祥事を起こして推薦取り消しになるなど課題は山積み。だが一番の問題点は、出場した二一世紀枠の試合内容だ。

二〇一八年までに出場した48校の通算成績は19勝48敗。初戦の成績に関しては13勝35敗で初戦突破率0・271。あまりにも低すぎる。おまけに2勝以上した学校がたった3校しかなく、一般出場校との実力差が激しすぎる。

現に一八年センバツでは初戦で膳所《ぜぜ》（滋賀）が日本航空石川に0対10、伊万里《いまり》（佐賀）も大阪桐蔭に2対14と、スコア以上に甲子園の試合とは思えないレベルを感じさせ、由利工《ゆりこう》（秋田）が日大三高に0対5で負けたのがむしろ大善戦に思えるほど。一〇年以降を見ると、初戦敗退の26敗のうち、8点差以上が九試合ある。一七年のセンバツでは、多治見《たじみ》（岐阜）が報徳学園に0対21と練習試合のような大敗ぶり。一部では、すでに二一世紀枠で出場する高校は出つくしたのではないかという声も上がっているほどだ。

一八年センバツにおいては、滋賀の膳所が二一世紀枠に選ばれたことで強豪県ひしめく近畿勢の滋賀で史上初めて3校選出され話題となった。ただ膳所の選出にはいささか不明瞭な点が残ったのは確かで、滋賀県秋季大会51校中のベスト8という成績、さらに高野連副会長が膳所高元校長で野球部元監督という経歴からすると、おそらく政治的忖《そん》度《たく》が働いたと思えてしまう。そんな選出にどんな意味があるというのか。大人たちの勝手な事情で出場させることが教育的配慮だというのか。

ちなみに二一世紀枠で出場した高校で、その後、甲子園出場を果たした高校は、宜野《ぎの》座《ざ》（沖縄）、山形中央（山形）、鵡川《むかわ》（北海道）、華陵《かりよう》（山口）、利府（宮城）、彦根東（滋賀）の7校のみ。そのうち二度以上甲子園に出場したのは山形中央と彦根東である。

「二一世紀枠以降三回出場してますけど、やっぱり二〇〇九年の二一世紀枠で出場させてもらったのが原点ですね。具体的に甲子園のチームを見たし、雰囲気も感じられたし、風景もしっかり目に焼き付けました。それを継承していって、自力で甲子園に帰ってきたチームをみんなに見て欲しいし、全国の公立への何らかのメッセージにもなると思ってます。甲子園出場をきっかけにしてチームを強化し、再び甲子園に帰ってきて戦うというのが長いスパンでできているのがうちのチームですね」

公立の進学校で甲子園常連校といえば、春夏通算四一回、毎年東大に一〇人前後が合格、県下ナンバーワン進学校の静岡高校が筆頭であるが、野球部は〝学校裁量枠〟という推薦枠で県内の優秀な選手を入部させていると聞く。同じく甲子園常連校の進学校今治西もかつては推薦的な入試を実施していたことを考えると、ここ一〇年で甲子園に複数回出場した文武両道の公立の進学校は彦根東くらいだ。

二一世紀枠が問題視されているのは事実だが、それでも彦根東のように文武両道を貫くため難関大学への進学率もあげ、甲子園にも出場してくる高校もある。二一世紀枠が着実に実を結んでいるということではなかろうか。ただ一八年間での成果が彦根東たった1校というのはあまりにも寂しい。選考委員の御歴々の母校だなんだというバカな大人たちの思惑で出場を決めているのなら、即刻廃止にすべきだ。勝手な大人の都合で子どもたちを巻き込むのだけは絶対に許されない。

世間では、文武両道の高校を認め、選手集めに奔走する野球学校を認めないという論調がある。家庭環境が複雑な生徒を受け入れ、甲子園出場以外の意義が見出せていない学校が野球留学生を受け入れるというアプローチでやっていくのは仕方がないことだ。向かっていく方向は同じなのに、ひとつのあり方を否定するのは間違っている。

「ひとつの個性が狭められてしまうような取り決めはないようにしてほしい。どのアプローチでも甲子園に行けるような豊かな高校野球になってほしい」

村中監督は切に願っている。

高校野球は誰のものでもない。

子どもたちのものだ。

どんなことがあろうとも、その子どもたちの可能性を摘み取る行為だけは絶対にしてはならない。

親の本当の役目とは

グローバル化を推奨し、社会の成熟度が増していく現代において、20代、30代の親を見ると、自分の子どものたちが将来勝ち組になるための教育を熱心に受けさせているような気がする。どんな生まれであっても勉強して良い学校に行けば、社会の中でのし上がっていけるという教育信仰がいまだに根付いているのも確かだ。別に間違ってはないし、今に始まったことでもない。

今でこそ〝学歴〟は不平等の社会を作り上げる諸悪の根源として扱われているが、もともとは出自によって職業を選択できなかったのが大学を出ることで職業の選択の自由を許されたのだ。つまり、〝学歴〟という御墨つきを得ることで、誰でも自由に好きな職業につくことができる仕組みに変わったのだ。そんな時代の変革により、大衆が高度な教育を求めるようになった。

大学がどんどん開校される中、大学入試において独自性を出す名目で難問・奇問が出題され、さらに〝大学入試地獄〟時代が迫り来るのを見越して一九七九年に導入されたのが、共通一次試験。しかし、これによってより新たなる〝受験地獄〟が激化し、さらに大学の序列化が固定されてしまい、進学塾が教育ビジネスとして隆盛し、東大のブランド化がますます助長されるようになった。

統計によると、二〇一六年東大生の親の約60％が世帯年収950万円以上という数値が出ている。日本で一千万以上の年収の割合は5％にも満たない状況なのに、東大生の親の年収950万円以上が60％以上であるとは……。東大生の半数以上は私立高校出身で、それも中高一貫校の割合が多く、当然学費も高い。つまり教育と経済状況は密接に関係していることを表す結果だとも言える。だからといって、経済力があれば学力が必ず向上するわけではないが、より良い環境が整ってないと日本最高学府の東大に入ることは厳しいと言えるのではないだろうか。

そのより良い環境とは何か。親が金持ちで、完全に独立した部屋があって、進学校に行きながら有名予備校に通えることだろうか。それもあるに越したことはないが、もっと根本的なことだ。

本人の素養も当然あるが、親の教育姿勢に尽きる。取材してわかったのは、ほとんどの球児の親が放任主義であり、「勉強しろ」と口やかましく言われたことがないということ。医者の息子であっても、優秀な家庭教師をつけられて勉強させられたこともなく、ましてや「医者になれ」などと言われたことはないとはっきり答える。全員がそうとは言えないが、数百人以上の選手たちと話をしても、教育パパやママはほとんど見当たらなかった。そんな理解のある親がいるからこそ、県下一の進学校の野球部に入って、勉強と野球を両立できるのだと感じた。

調べてみると、親も高学歴で一流企業や医者、弁護士といったハイソサエティクラスがほとんど。本当の意味で成功している人は、勉強とはなんたるものかを知っているような気がしてならない。巷《ちまた》で発売されている東大合格メソッド本なんか絶対に購入していない。本は参考にしてもいいが影響されてはいけない。そりゃ、本に書いてある通りにやるのは簡単で楽だ。でも、全員に適合するとは限らない。子どもの性格、適性を鑑みて教育するのが親の務め。楽をすれば必ず報いを受ける。自分の子どものことくらい、頭を使って知恵を絞れと言いたい。

文武両道の親たちは、独自の考え方で子どもに接しているはずだ。また、自分が行きたい大学に行けなかった親に限って、子どもに夢を託す。そんなのはただの押し付けに過ぎない。それに、いくら素晴らしい環境を与えていようが本人にやる気がなかったら元も子もない。無理矢理勉強させても、それは強要であり作業と一緒。

彦根東の村中監督が指導するうえで念頭に置くことがある。

「こうなってほしいと思って強要しても合うかどうかわからないし、彼らの中でどうなるのか、どのようにしたいのかをいつも考えている」

これは、野球でも勉強でも同じだ。

子どもたちのやる気を促すためにはどうしたらいいのか。

まずは、やればできるという〝成功体験〟を植え付け、そして「自分は大切な存在だ」と感じる自己肯定感を養うこと。自分の足で立ってひとりで歩くことを覚えさせる。いつの時代でも子どもは敏感だ。親がどう自分を思っているのかをいつも気にしている。思春期になれば、親、先生、世の中すべてに反発したくなる。そういうときに親の出方次第で子どもは大きく左右される。これだけの情報化社会に頭ごなしに怒っても、子どもには何も響かない。どう理解させて納得させるかだ。ちゃぶ台ひっくり返してブン殴るというコントのネタは、もう面白くもなんともなく、寒いだけだ。

文武両道の選手たちの親は、子どもたちの個性を見極めてどう自立心を芽生えさすかを意識して教育してきたのではないだろうか。人として生きる知恵と力を幼少期に教えこみ、後はうるさいことを言わずに静観してきたのだと思う。危なっかしい姿を見ると、つい手も口も出してしまうもの。どうしても、というときだけ手を貸してあげて、後はジッと耐えて見守ってやるのだ。

教育の現場で〝自由に伸び伸び〟とは簡単に使われる言葉だが、本当の意味はどういうことなんだろうとずっと疑問に思っていた。たくさんの球児たちに会い、ここで自分なりに検証してみる。

そのときにやりたいことをやらせてあげられる環境、すべてを自分で決め自分で責任を取る意志、高い次元で共有できる友との時間、これらが備わることで目標に向かってたとえ失敗しても悔いが残らない、いつでも胸を張って生きていける人間になれる。

自分で決めた道をすべて最良な選択に思える、そんな人間になってくれるのが親にとって最高の幸せなんじゃないか、と。

第4限 愛知県立時習館高等学校

自ら考え、自ら成す
学則不固

東大京大医学系

今から二五年以上前、高校時代のときだ。

「大学のように、たくさんの緑に囲まれた広大なキャンパスを持つ高校が愛知県の豊橋にある。あそこは、過去甲子園に出てるし、勉強もトップクラスの学校だ」

物理の先生が、授業中に自分の母校の話を嬉しそうにする。

定期テストの平均点が30点という、赤点ギリギリの難易度の問題を作る学校一厳しい先生だっただけに、妙に記憶に残っている。

大学のような高校!?　一体、どんな高校なんだ!?

この企画が持ち上がったときに、私の中では真っ先にその先生が話した高校が思い浮かんだ。

愛知県立時習館高校。

高校野球ファンには若干馴染みが薄いかもしれない。

では、愛知の時習館という学校は、どんな学校なのか。

東京から新幹線ひかり号で豊橋駅下車、所要時間83分。

東海道五十三次で吉田宿、二川宿《ふたがわしゅく》を擁し、城下町、宿場町として栄えてきた豊橋。そこから豊橋鉄道渥美《あつみ》線で三駅目の愛知大学前駅で下車。駅に隣接している形で愛知大学豊橋キャンパスがある。そして、幹線道路を挟んだ向こう側には、まるで防波堤かのように高さ10メートル以上の青々とした松林の一群が道路に平行して生い茂っている。松林の新緑に差し込む日差しを浴びながら、駅からテクテクと7、8分以上かけて正門へ辿《たど》り着き中を覗《のぞ》くと、鹿鳴館時代のような瀟洒《しょうしゃ》な雰囲気がそこはかとなく漂う。建物はすべて二階建てで、学年ごとに校舎がある。噂《うわさ》の敷地は、確かに大学のキャンパスを思わせるほどの広さ。

校地面積は、10万6883・80平方メートル（東京ドームのグラウンドの約八倍）で全国の公立の中で二番目の広さ。正門脇や校舎の東側には「時習の杜《もり》」といったちょっとした森がある。

高校とは思えない広さ、確かに大学のキャンパスと間違えてもおかしくない。

全国の名門高校の源泉に「藩校」がある。藩校とは、そもそも江戸後期に財政難に苦しんだ各藩が人材を育てるために作り、幕末には二七〇近くもの藩校があったとされる。

一七五二年には、ここを領する吉田藩七万石が藩校時習館を創立。これが名前の由来となっている。藩校は明治維新の廃藩置県で一律廃校になっており、一八九三年（明治二六年）、私立補習学校時習館が創設され、これが時習館高校の起源でもある。

今年（二〇一五年）で甲子園大会一〇〇周年を迎える。夏の地方大会の皆勤校は全国で15高校あり、その中の1校に含まれるのが、今年創部一一七年目を迎える超伝統校でもある時習館。

甲子園はこれまでに春二度、夏一度出場。一九五三年（昭和二八年）のセンバツでの8強を最後に、甲子園には出場していない。

二〇一五年の東大合格者数は現役浪人合わせて一〇人。学校の方針として、難関大学合格者数に加えて、東大、京大、医学系を何人輩出できるかも注目しており、毎日の授業カリキュラムはかなりハードである。

職員会議があるため六限で終わる木曜日以外は、すべて七限授業であり16時終業。練習は16時40分にスタートし、夏は19時、冬は18時30分下校となる。月曜日は基本オフとなり、その他の平日はアップ、キャッチボール、日没までノックして、トレーニングするのが精一杯。

特別な練習をしているわけではない。

だが特筆すべき点は、今回取り上げた6校の中でこの時習館だけが毎年のように、東大野球部に入っていることだ。

「今年も四番だった子が東大野球部に入りました。三年生には、中京戦で先発したピッチャーがいます」

今年で七年目を迎える時習館OBの林哲也監督は、ニコニコした面持ちで答える。

なぜ時習館から東大野球部に毎年入るのか？　至極単純な疑問をぶつけてみた。

「早稲田の斎藤佑《ゆう》ちゃん（現・北海道日本ハム）と投げ合って勝ったときの東大のピッチャーが山本（仮名）という子でしたが、彼がここの卒業生で、僕が赴任したとき三年生だったんです。あの子が現役で東大に行ってから、とても増えました。彼の影響は大きいですね」

二〇一五年五月二三日、神宮球場で行なわれた東京六大学春季リーグで、東京大学が法政大学に6対4で勝利し、二〇一〇年一〇月二日の早稲田大学戦以来の勝利を収め、連敗を94で止めたことが話題になった。その二〇一〇年一〇月二日に行なわれた東京六大学秋季リーグ、早稲田大対東京大一回戦で先発したのが当時一年生だった山本優太投手（仮名）。

早稲田は当時神宮の星だった四年キャプテンの斎藤佑樹《ゆうき》が30勝をかけて先発。35連敗中だった東大は一年生の山本をマウンドに送った。130キロ前後の速球と緩い変化球で早稲田打線を翻弄し、真っ向勝負とばかりに左打者の膝元に投げ込む速球は秀逸で、9安打2失点で完投。4対2で堂々と投げ勝った。

「1勝しただけで、周りの方は喜んでくれた。東大でも普通に勝てるんだということをもっと見せたいと思っていた」

と特殊なコメントを残した。

その後は、周囲の期待に反して伸び悩み、三年秋には右肩の手術、四年時は登板なしと不完全燃焼のまま大学野球を終え、社会人の強豪JR東日本に進み、今も野球を続けている。

「その前にもぽつぽつと東大野球部はいると思いますけども、山本が先駆けで、次の年はひとりもいなくて、その次に二人。中京に勝ったときの子は二人行きまして、それが三年生のピッチャーの岡田（仮名）ですね。次の年は四人行きましてね、その次がひとり、四番でファーストの岡野（仮名）です。自分は監督に就任して今年七年目ですが、通算八人が東大野球部に行っています」

ひとりの先輩が東大野球部に行っているだけで、「よし俺も！」と後輩も目指すようになる。まずは誰かが先陣を切って行けば、後輩は必ずその後ろ姿を見て付いていくもの。それが継続に繋がり、やがて伝統を作っていくのだ。とにかく、たったひとりでもいいから東大野球部に行くことを願う進学校の監督は、全国にたくさんいることだろう。

東京六大学リーグで万年最下位の東大はなんとかいい選手を入れようと、全国津々浦々の進学校の野球部にネットワークを張り巡らせている。いい選手が入れば、声かけはもちろん、ＯＢたちが家庭教師となって受験対策に奔走するという話も……。他大学のようにスポーツ推薦がない東大にとって、まずは自力で入試を突破してもらうことが先決だ。

勉強との兼ね合い

愛知県は、東京、大阪に比べて私立が少なく、昔から公立志向の強い地域。学校自体が放課後になっても熱心に生徒指導にあたるため県民からの評判は上々である。

時習館は進路指導部が中心となり、一年生のときから学習の時間に大学や学部について考える機会を設けたり、二年生になると大学の説明会を校内で実施するなど、早い段階から進学指導を行なっている。

「入学したての頃に、部活と勉強との兼ね合いに悩んでしまう子はたびたびいますが、入った子は大体続けますね。ほとんど辞めはしないですね。大変ながらも続けてやってます」

林監督はしみじみ語る。今回取材した6校の中で、文武の〝文〟において一番厳しいと私は感じた。とにかく毎日の課題の量が多く、課題をやらないと授業についていけない。それに赤点を取ると、追試を受けることになる。野球部だからといって特別扱いはない。

「七月に一学期の終業式が終わったあと、その月いっぱいまで、日曜日以外補講があるものですから、試合がなければ補講に出させます。それが当たり前ですね」

林監督の現役時代は、補講はおろか課題もあまり出されなかった。50分六限だった時間割が、今は50分七限。課題は教科にバラつきがなくたくさん出る。

「厳しいですよ。教員としての文武両道のあり方も勉強になります。ひとつは塾の影響も大きいのではないかと思います。僕らの時代でも塾はありましたが、誰もが塾に行っている世代じゃなかった。今の彼らは小学校から塾に入る世代。かつて時習館もずっとオールドスタイルで勉強をさせていましたけど、どこかで自分で勉強ができない塾世代が出てきた。つまり環境を与えられないと勉強ができない世代になったときに、学力がずいぶん低下したらしいんですよ。すぐ対策を練って、まずは課題を与えるようになったといいます」

新一年生には、やはり中学校とは違うのだという意識付けをさせるために課題を与え、ちょっとずつ手放していく。いくら時習館クラスといえども与えられた課題だけでは伸びていかない。自発的にやらないと超難関大学には受からない。東大京大を本気で目指す子どもたちは、課題など与えなくとも自らの意志で勉強をする。いわば、ほっといても受かる層が東大京大を狙うクラスである。

「落ちていくのは、真ん中の層ですね。真ん中の層はどっちにも振れてしまうので、ある程度課題を出してやる。いうなれば真ん中の層は部活のほうへ流れてしまいやすいので、イーブンにするために課題を与えて、基礎だけはつけさせておく。一、二年生である程度それをやっておいて、三年生はもう宿題なしで受験勉強に応用していく方向へ持っていく感じですね」

他に取り上げた5校のように、時習館も生徒にある程度の自由を与えて自立させる教育方針だと思っていたが、正反対だった。

「当初は、対策として少しずつ課題を与えていたんですが、課題を与えることで模試の成績が上がっていきました。結果が出たことで、課題が定着する傾向になっていきました。バランスを取ってやってはいるんですけど、これからいろいろと見直す時期がくるのかもしれません。でも塾の出現というのは大きいのかなと思いますね」

さらに、中高一貫教育の学校が多くなったことも要因に挙げられる。時習館のような進学校にとって、中高一貫に負けないためにも三年で育てないといけないという使命がある。そのためにも、ある程度やらせていく教育も必要となってくるのだ。

私学四強

愛知県高校野球界には、昔から〝私学四強〟が大きく立ちはだかっている。

私学四強とは、中京大中京、享栄《きょうえい》、愛工大名電、東邦《とうほう》のことだ。いずれも全国屈指の強豪校である。

この私学四強に勝たない限り、甲子園の目は絶対にあり得ない。

「愛知県は層が厚いです。私学四強もそうですけど、四強に匹敵する私立がとても増えまして、これが厚いです。名古屋でいうと至学館、栄徳、愛産大工、愛知黎明《れいめい》、中部大第一、愛知、この辺だと杜若《とじゃく》、豊川、愛産大三河、桜丘《さくらがおか》……もういっぱいいて、さらに厚いですね」

これだけ全国屈指の私立がある以上、嫌でも私立に対する意識は避けられない。夏の予選だと、ノーシードの場合、八試合は戦うことになる。そうなると、確率的には私学四強と二回対戦しなくては甲子園に届かない。神奈川、大阪に続く激戦区愛知ならではである。

「もう……奇襲っていうか、一か八かですね。普通のピッチャーに投げさせてもどっちみち打たれるもんですから。打たれて当たり前ということで遅いボールで勝負するのか、クセ球で勝負するのかってところですね。あとは、バタつかない。これですよね、やっぱりバタついてしまうと勝手に崩れていってしまうので。はい。僕も、現役時代ベスト16に入ったんですけど、最後やっぱり愛知高校さんに負けちゃったんですね。相手のほうが能力的にも高かったんですけど、最終的には５対４の僅差で負けたんです。自分たちがやるべきことをやれば競うことはできると思いますね」

——秋よりも夏のほうが強いイメージがあるのですが。

「そうですね、夏に盛り上がってくるというところが、ウチの特徴ですかね。やっぱり練習時間が短いというのもあると思います。言い訳にしてはいけないんですが、秋や春の大会だと、仕上がりがどうしても中途半端で、不十分な調整のまま大会に臨まなくてはならない。夏はある程度、把握もできた中で勝負していける」

——おそらく、進学校だからこその試合運びができると思うのですが。

「やっぱり、もの覚えはいいですよね。なので、一回こうしようって言った作戦は忘れないですね。あとは、前に指導していた学校とかと比べると、やっぱり動けるというか器用さがありますね。例えば右打ちをやろうって言ったらできますし、バスターをやるといった細かいこともできます。一生懸命やりたがりますし、作戦が好きですね。足を使ったりとか、セーフティーをこういうところでやったらどうだろうとか自ら考えるし、それは彼らの特徴だと思いますね」

――進学校ゆえのデメリットってありますか？

「先を見る力がある分、ちょっと積極性に欠ける傾向があります。展開が見えてしまう部分もあるのか、〝よーし！　いったれー〟みたいな感じはないですね。わかりやすい例でいうと、初球を見送りますね」

――それは勉強ができるがゆえに、慎重になってしまうということですか？

「そうですね。完璧主義っていいますか、中学校では100点取らないとこの学校に来られないですからね。野球でも100点を求めてしまう。一球目から行こうという大胆さに欠けるというか、慎重に行ってしまうというんですかね。ウチでは、初球を絶対に狙わせますけど。いいピッチャーになったら、なかなか甘い球は来ないので、立ち上がりの初球を狙えとサインを出しても見てしまう子は見てしまうんですね。『なんで打たないんだ？』って言っても、どうしても見てしまう。あとは、考えすぎてしまってフォームがぐちゃぐちゃになっちゃう子もいますね。イップスみたいになる子もいます。正確に投げようとしすぎるんでしょうかね」

それでも、稀に昭和のサムライのような選手が入ってくることがある。優等生にはなりたくなく、俺が俺がと個性を出していく。そういう選手が主力になっていくと、チームがうまく活気づく。時習館でもそういう性質を持った選手がいるにはいるが、野球の力と比例しているわけではない。今の三年生はどっちかっていうと真面目なほうだ。勉強と違って、勝負は真面目だけでは勝てない。機を見て大胆になれる力も必要。本来持った性質をどう解放してやるかが今後の課題だと林監督は言う。

——時習館で、プロ志望って子はときおりいるんですか?

「去年はいましたね。ですけど、まぁとても無理ですけどね。無理でも言うことって大切ですよね。それは東大に行くと言うことも同じです。一昨年、東大へ行った子なんですけど、一、二年のときは学年で二〇〇番くらいだったのに、『僕は絶対に東大に行く』って言ってて、一浪して行ってしまったんです。『おまえ、やめとけ、絶対に無理だ』って言ってたんですけど、『いや、僕は絶対東大に行きます』って言ってましてね。そうしたら本当に行きましたからね」

——そういう気持ちは大事ですよね。

「大切ですよね。あと、ヤクルトの小川泰弘《やすひろ》投手。彼は、渥美半島の田原《たはら》市にある成章《せいしょう》高校にいたんですけど、三年生で引退したあとに、福江高校のグラウンドに遊びにきたんです。当時、私が福江の監督をしていたので、そのとき『おまえ、これからどうするの?』って聞いたら『いや、創価大に進学が決まっているので、大学行ってプロになります』って言ってたんですよね。当時は130キロ出るか出ないかのピッチャーだったんで、内心は絶対無理だと思ってたんです。でも本当に行きましたからね。やっぱり言い切るってことは大切だよってことは、生徒たちにも話したりするんですね」

端から見たら荒唐無稽なことを言っていても、本人は自分を信じて言い切っているだけ。能力をここだと決めてしまったら、人間それ以上の能力を発揮できないもの。

この言い切れる力そのものが、未知なるパワーを目覚めさせる原動力なのかもしれない。

大金星

選手たちに話を聞くと、三人にひとりは同じことを言った。

〝中京大中京に勝った試合を見て、僕も時習館で野球をやりたいと思った〟と。

推薦も何もない公立高校が、甲子園通算勝利数131、甲子園優勝一一回といずれも全国最多の記録を持つ名門中京大中京に勝つことがどれだけすごいことなのか、東海三県の人間でなくてもわかると思う。

二〇一一年七月二五日、四回戦、瑞穂《みずほ》球場でどよめきが起こった。

愛知県では、先述のとおり中京大中京、東邦、愛工大名電、享栄といった私学四強が絶対的な大きな壁となっている。この私学四強を二つ倒さない限り、甲子園の道はないとも言われている。

ベスト16をかけた四回戦、中京大中京対時習館。下馬評は、文句無しの中京大中京である。

10時に開始予定だった第一試合が雨のため13時15分に始まり、途中で雷による中断もあって、第二試合の中京大中京対時習館は、予定の12時30分から大幅に遅れ、16時45分に試合開始となり、波乱の幕開けだった。

時習館の先発は、三年生のエース（東大進学）。

「この子なんか、フニャフニャ〜とすごく球は遅いんですけどクセ球で、なんで打てないんだろう？　って思うような感じのピッチャーなんですよね。中京クラスだと、そこそこ速い真っすぐは簡単に打ち返すので、やっぱりちょっと癖があったほうが強豪校には通じますね」

林監督は、「相手のユニフォームを見るんじゃなくて、自分たちの野球をしろ」と言う。

先発のエースは、立ち上がり制球に苦しみ、適時打と押し出しで2点を先制されたが、次第に制球も定まり、クセ球で中京打線を翻弄し、五回途中から別の三年生が登板。6安打を浴びながらも110キロ台のストレートと緩い変化球でタイミングを外し、無四球の粘り強い投球で、中京大中京打線を無失点に抑えた。時習館は2点差を追いつき同点。回が進むにつれて球場にどよめきが起き始めていたが、継投したピッチャーは、どうせ打たれるんだからと開き直って、むしろこのざわめきを楽しんでいた。中京打線は長打狙いばかりのせいか、フライアウトが多かった。時習館は数少ないチャンスをものにし、八回には右前打で出塁、犠打と雨でぬかるんだグラウンドによってボールが手に付かず、一塁への暴投による決勝点で、3対2で大金星を挙げる。

中京はヒット7本、四球8個、残塁13、三振3。対する時習館はヒット5本、四球1個、残塁5、三振13と効率よく得点を挙げる。

「勝ったときは大騒ぎでした。大騒ぎでしたけど、やっぱり勉強のほうが大切な学校なので、翌日の補講のことも考えていました……」

この話を聞いて驚いた。勝った喜びよりも次の試合のことを考えていた、といった答えがくるだろうと想定していたら、返ってきたのは〝翌日の補講〟についてのことだった。

「大雨が降ってナイターになったんですね。瑞穂球場は人工芝なので絶対にやろうってことで、四時間ぐらい中断して、16時45分から試合が始まったんです。ナイターで雨の中ゲームをしたんですけど、終わって帰ったら23時くらいです。翌日、補講があったので、朝8時30分から12時くらいまで行かせました。自分も次の日補講を受け持ってましたから。帰ってから予習をしてですね……そういうことをきちんとやっていかないと、なんで野球部だけ？　といろいろ言われますから」

翌日の補講のことを考えたら、中京大中京に勝った喜びなど跡形も無く消えたという。これが超進学校の宿命なのか。

どこの学校でもそうだが、野球部だけ特別扱いされている風潮が面白くない先生はいるものだ。学校の協力があってこその野球部。だからこそ、林監督は学校の行事やカリキュラムを疎かにしたくない。選手たちが文武両道を掲げている以上、林監督も監督と教員をしっかりこなさなくては示しがつかない。

選手の個性

たかだか数日間で相手を曝《さら》け出させることなど不可能。

ましてや私自身の見た目がインチキプロデューサーのようなので、胡散臭《うさんくさ》い印象が拭えず、高校生からすると、「なんじゃ、あれ？」「変なやつ来たぞ」と好奇心を煽るどころか無視される始末。しかしその中で、時習館の選手たちは人並み以上に好奇心旺盛だったせいか、私に対しなぜか興味を示してくれた。

林監督に言わせれば、「フリーライターという職種自体に興味を抱いたのではないで

しょうか」。

わかったようなわからないような感じだったが、とにかく選手たちが目を見てきちんと話してくれるのは嬉しかった。

パンパンに張ったユニフォーム姿。誰がどうみてもポジションはキャッチャーとわかるほど、ガッチリした体格の三年生の仁村哲平選手（仮名）は、チームのキャプテン。

「家の近くにありますし、なんといっても中学三年生のときに中京大中京を破ったということで、時習館に来たいと思いました」

練習途中での取材だったので、顔から噴き出るような汗。ときおり、息がハアハアと上がっている。時習館に進学した理由はいたって普通の答えだが、キャプテンだけあってハキハキしゃべる。

「志望校は、神戸大学の経営か横浜国立大学の経営を目指しています。正直、二年まで勉強はやってなく、家に帰って30分寝てから一時間半は机に向かいましたが集中していませんでした。三年生になってからは、受験という意識も芽生えて二時間くらいはやってます。とにかく、できるだけ勉強机に向かう習慣をつけています」

勉強の話になると、自信がないのか少し照れくさそうに話す。正直だ。

今年の三年生は例年に比べて勉強する意識が非常に高いという。成績を聞いていても、真ん中から上位層にきちんと食い込んでいる。他の学校だと下位にいることを当たり前のように答える選手がいたものだが、時習館ではひとりもいなかった。

「先輩が言ってたんですけど、夏の大会の一ヵ月前になると勉強が手につかなくなるって。三年生になってその意味がわかりました」

高校三年の夏が特別だという意識を、キャプテンとして自覚しているのは確かだ。

「新チームになってからキャプテンになったんですが、チームの見方が変わりました」

どっしりした体格のキャラクターはキャプテンにうってつけに見え、自分のキャラクターをきちんと分析できるかを聞いてみると、

「自分のキャラクターですか、そんな……」

いきなり考え込んでしまった。軽く質問しただけなのに、そんな深刻に考えなくてもと思い、別の質問を投げかけた。「取材はよく受けるの？」と繋ぎの質問をすると、

「え、はい。そんなにないです。二回、いや三回かな、いやいや、この間、取材を受けて……」

ドギマギしている。その姿がコミカルで、つい「そんなに考えなくてもいいから」と肩を叩きたくなった。一度考え込んでしまうと、なかなか抜け出せないタイプらしい。キャプテンとしての責任感から、どうしようか頭で考えてしまう。

「自分的には鼓舞するために率先して言うのは得意じゃないし、行動で示すタイプです。でも、このチームに合ってないようなので、できるだけ声を出すようにしています」

キャプテンとしてチームとどう接したらいいか、自分の務めをきちんと理解しているようだ。

私立についても聞いてみた。

「強豪私立は、アップから違いますね。春のリーグ戦の二次トーナメントで豊川と対戦し、打たれもせず打ちもせず、4対2で負けたんです。ですが、思っているほどはじめから勝負がついていたわけじゃなく隙もあって、考えれば同じ高校生だし勝てると思います。バッティングが弱いのは課題ですが、7対3で守備を重視し、ノーヒットでも1点取れるといった少ないチャンスをものにしていくチームになります」

〝～になっていきたいです〟ではなく〝なります〟と断定で締めくくった。仁村キャプテンの並々ならぬ決意の証《あかし》だと感じた。


二年生エースの平田大輔投手（仮名）は、160センチほどだがボールの切れで勝負するサウスポー。歌舞伎の女形のような端整な顔立ちをしているが、目の奥には芯の強さが光って見える。投手だけあってこちらの質問に対し慎重な構えを見せ、マウンドに立っている感じでこっちを観察している。

インタビューの最後に、いつも選手から質問を受け付けるが、彼の質問を受けてのやり取りで本質がわかった気がする。

「他の強い公立はどんな練習をしているんですか？」

平田投手が初めて私の目を見て聞いてくる。

「基本、やっていることは変わらないよ」

他の選手もよく聞いてくる質問だったため、あらかじめ用意していた返答をする。細かいことを言ってもキリがない。選手にやる気を起こさせることもインタビュアーの務めだと思っている。ある意味、正直に答えたつもりだが、平田投手はなんか怪訝《けげん》な顔をした。

「ただ、意識の違いはあるかもしれない。声の出し方ひとつ見ても、全然違う。でも、練習そのものの質は大して変わらないよ」

丁寧に答えたつもりだが、平田投手はどうも釈然としない顔をしている。

「ありがとうございました」

お礼を述べてくれたが、形式としての言葉としか聞こえなかったため、すかさず、

「納得できた？」

と聞くと、間髪を入れずに、

「いや、全然です。やっぱり、やっているレベルは低いんで」

自分たちのやっている野球にまだまだ物足りなさを感じているのか。

「自分たちに何が足りないと思う？」

今まで躊躇なく返答していた平田投手だったが、「う〜ん……」と呟きながら、答えを模索している。練習中の合間での取材のため、「カキーン、カキーン」金属バットの音がやたらと耳に響く。

「相手が私立とか強豪になると、声が下がっちゃうといった気持ち的な部分ですか……」

最後に、甲子園に行きたいか、聞いてみた。

「全然、甲子園は見えません。でも甲子園には行きたい」

ただやみくもに、甲子園に行きたいと言っているのではない。自分たちに何が足りないか、現状を把握しながら練習に励んでいる。平田投手の〝甲子園に行きたい〟という最後の言葉は、愛知県という激戦区での甲子園への遥かなる道の厳しさを痛烈に感じているように思えた。

林監督から「面白いやつがいますよ」と紹介されたのが、三年生の山本一馬選手（仮名）。少し小柄だが、筋骨隆々で男らしく凜々《りり》しい顔立ちで坊主頭がまたよく似合う。

中学三年間だけ、父親の仕事の関係でアメリカで生活し、高校一年の七月にミシガン州から編入してきた帰国生徒。

――アメリカの野球、いやベースボールはどうだった？

「クラブチームでベースボールをやっていたんですけど、日本より自由でした。正直、日本のほうが真面目に練習するし、アメリカのほうがレベルは低い。でもみんな陽気なので楽しかったです」

高校レベルくらいまでは、アメリカより日本のほうが技術レベルは上とよく言われている。アメリカでも小学校からベースボールをやっているが、技術的なことはほとんど教えず、楽しむことを最優先している。幼少期からベースボール、バスケ、アメフトといったいろいろなスポーツを掛け持ちするアメリカだからこそ、その競技自体の楽しさをまずは追求する。アメリカの学生時代のスポーツは、厳しさとは無縁である。それに日本の高校野球のような徹底した規律がないため、みんなが時間通りに揃って練習することなどない。来た順番に練習をして、終わった者から帰っていく。さすが自由の国アメリカだ。

——時習館の受験はどうだったの？

「帰国生徒入試なので国数英の三教科だけなんです。六月に日本に帰ってきて七月に編入しました。入学してからは、理科と社会に苦労しました」

——日本に帰ってきていろいろなギャップがあったと思うけど？

「まずアメリカは先輩後輩の関係がなく、敬語がないので、日本に帰ってきての先輩後輩の縦関係に少し戸惑いを感じました。あと、アメリカは何でもオッケーの自由だったんで、日本で何をしたらダメだとかがわかんなくて最初のほうは困っていました」

メジャー帰りの選手がよく言うのは、チームの中にいてもまったく上下関係がなく、一応、年上に対してリスペクトはあるのだが、敬語がないため監督にも平気で暴言を吐く。アメリカ人はカードゲームをするのが好きで、選手と監督がやっていると監督に「おまえ、負けたぶんの金払えよ」等と平気で監督に対してバンバン言う。ベースボールと野球はまったく別物なのだ。

――ところで、志望大学はどこ？

「京大の工学部を狙ってます。学科は機械や電気電子です」

――勉強はどのくらいするの？

「勉強をする日としない日を完全に分けています。部活がある日は一日二時間、部活がない日は四時間です。平日は塾へ行っているので、そこで勉強しています」

野球部の三年生で一番成績が良い山本選手は、京大を目指している。時習館で東大京大を目指し、合格圏内にいる者は自分の勉強法をすでに確立している。そうでないと、東大京大なんか受からない。

――最後に何か聞きたいことある？　なんでも聞いていいから。

「他の高校の球児たちには、どういった質問をするんですか？」

え!?　一瞬、口ごもった。バッティング練習の音がうるさくて聞こえなかったふりをして、時間稼ぎのためもう一回質問してもらった。

今まで何百人と高校球児に話を聞き質問をもらってきたが、初めての内容だった。まさかの質問でどう答えていいのかわからず、「強豪校や弱小校問わず、精神面的な質問をするかな」とアバウトな内容の返答でごまかした。

「そうなんですか……」

きっと山本選手は、私の心の内を簡単に見透かしていただろう。現役で東大京大へ行くやつは、やはり並大抵なやつではないというのがわかった気がした。

監督から教えられなくとも、グラウンドで練習している姿を見ればレギュラークラスは大体わかる。プレー云々《うんぬん》ではなくユニフォーム姿が様になっているからだ。着こなしが上手というかカッコいいというか、自信に満ち溢れているオーラを出しているのだと思う。

練習中のボール回しだけで、絵になるというか、こいつ上手いと思わせる選手がいる。時習館にもいた。

――林監督、あのショートの動きいいですね。

「あいつは練習試合をすると、相手の監督さんからも印象に残る選手だと言われます」

三年のショートストップ水野大樹選手（仮名）。

両親ともに時習館出身で、林監督の同級生でもあった。林監督は、「しゃべらないやつですから」と苦笑しながら言った。

――顔、ちっちゃいねー。

「はい、たまに言われます」

今時の顔というか、ジャニーズ系というか、モテるんだろうな～となぜか感心してしまった。

――時習館の野球を教えてください。

「頭脳を使って脚を使って相手をかき回す野球です」

――強豪私立との戦いは？

「私立の選手を生で見ると、身体つきが違うと思いますね」

もっと強気な発言をすると思っていたので、少し拍子抜けした。

――臆してしまう？

「同じ中学で名電に行ったやつがいて……、今名電で一番を打っているやつなんですけど知ってますか？」

強烈なプライドを見せる。同じ中学のライバルが私学四強。同じ土俵にいる以上、負けたくない。多くを語らないが、存在感で示す。

成績も良く、阪大か横浜国立大を狙っている。

顔良し、頭良し、野球も上手い。

『天は二物を与えず』という諺《ことわざ》は嘘《うそ》っぱちであることくらいとうの昔から知っていたが、あらためて知らされた気がする。選ばれた人間はいるのだと。


優等生の中にも面白いやつはいる。

二年生の遠藤翔太選手（仮名）。

一見すると普通の善良な高校球児に思えるが、ときおり明後日《あさって》を向いている感じ。

さっそく時習館に入った理由を聞いてみると、

「え〜空を見ていたら飛行機が飛んでいて、あそこに人がいるんだなと思って……」

静かな口調で唐突に話し出す。あれ？　おちょくられているのかなと思い、ちょっと困惑している自分が現れた。時間はある。ゆっくり聞いてみることにした。

「空を飛べる人、パイロットになりたい、戦闘機に乗りたいな〜と思ったときに防衛大学校に行きたいと考え、そこに行くためには一番可能性のある時習館に進学することが近道だと……」

話の出だしが突拍子に聞こえたので、つい勘違いをしてしまった。人の話は最後までしっかり聞かないといけないと思った。遠藤選手、申し訳ない。

「中学で受けた最初の模試では、時習館の合格率が5％だったんです。八月までクラブチームで野球をやって、引退してから勉強したら伸びました。野球をやってるときも勉強していたんですが、引退してから勉強に集中でき、密度の濃い勉強ができたんじゃないかと思います」

きちんと自己分析はできているが、現在勉強はあまりしていないという。

「先輩からも現役が終わってから伸びるって聞いています」

あっけらかんと言う遠藤選手。高校受験の経験があってか、野球が終わってから勉強すればいいや、といった受験に対し変な余力のようなものを感じた。さすがに少し口を挟みたくなり、

「現役が終わってから伸びるといっても、みんな、きちんと準備しているからね」

「はい、わかってます。ゼロじゃないです。ちゃんと準備はしています」

こちらの意図がわかったからか、目に力を込めて話をする。

時習館野球部についての質問をすると、少しハニカミながら躊躇している雰囲気を醸し出す。ガッツがある数少ない選手のひとりと聞いていたので彼なりに一家言あるように思え、「遠慮せずに話して。ガッツがある選手って聞いたけど」と背中を押してあげると、

「別にガッツがあるっていうより、お利口にならない」

おっ！　久しぶりに歯ごたえのあるやつと対面できた気がした。

「中学のとき、ベアーズという硬式のクラブチームに入っていて、そこの練習がかなりきつかったんです。一個上に大阪桐蔭に行った人がいたり、怖い先輩がたくさんいました」

上のレベルの野球を見てきた遠藤選手は、時習館の野球に物足りなさを感じているのかと思い、そのあたりを根掘り葉掘り聞いてみたが、

「いろいろな野球があっていいと思います。時習館には時習館の野球があるので、僕自身がさらに進化していけばいいんです」

意気軒昂《けんこう》な感じで話していると、

「翔太、なにサボッてるんだよ!」「おい、見え見えやぞ!」

外野でダッシュしている選手たちから大声で茶々を入れられる。

練習中、誰彼構わず声を張り上げることはチームのムードがいい証拠だ。

私は思わず、

「そろそろ取材終わりにしようか?」

「いや、大丈夫ですよ」

遠藤選手は我関せずといった感じで、私の質問を待ちわびていた。

遠藤選手の底知れないプライドは話していてすぐ感じ取れたが、現状の自分の立ち位置を知っている。だからわざとあけすけにものを言っていたに違いない。確かに面白い

やつだ。

東海三県出身で野球をやっていた経験者として、正直、愛知県の壁の厚さが並大抵じゃないことくらい存分にわかっている。

林監督以下、選手たちに取材をし、〝甲子園〟をどのくらいの距離感で思っているのか、知りたかった。甲子園を目指すことは大事だが、本気で目指しているのかどうか。可能性はゼロではないにしろ、果たして甲子園への道がどのくらいの現実性があるのか、時習館に通っている頭脳明晰《めいせき》な選手たちなら容易にわかってしまうことではないか。だから、取材しながらもどこかで弱音の発言を聞きたい、いや聞けるはずだと思っていた。

しかし、誰ひとり弱音めいた発言はしなかった。本心は難しいと思っていても、絶対にそれを口には出さなかった。

二〇一一年、中京大中京に勝ってベスト16になったときに、あと四回勝てば甲子園と誰もが思った。甲子園がうっすら見えたのだ。夢が見えた瞬間だった。

もちろん、監督、選手たちも現状はわかっている。しかし、自分たちが続けてきた三年間の部活と勉強の両立という努力は卒業してしまったら消えるというものではない。それぞれの積み重ねは後輩たちの礎となっているから、毎年のように東大野球部員を生んで聖地神宮にも立つことができる。「夏は甲子園に行きます」と夢物語としてではなく、普通の感覚として言いたいのかもしれない。

人によっては、夢は叶《かな》えるものではない、見るものだと言う。

また、人間は叶えられない夢は見ないとも言う。

どっちが正しいなんてナンセンスだ。大事なのは、夢をしっかり持つこと。

今は遠い未来のことに思えても努力と希望を継承し続けていけば、必ず夢が夢でなくなる日がきっとくる……。それも高校野球だ。

第5限　青森県立青森高等学校

自律自啓
誠実勤勉
和協責任

東北魂

人は心に絶望的な悩みを抱えたとき、現在は癒しを求めて南へ南へと行く傾向があるが、かつては北へ北へと向かいたくなったそうだ。いわゆる寂寞感《せきばくかん》のある場所を求めて、自分の荒《すさ》んだ心と同化したくなるのだろうか。

東北、それも本州の最北端の青森は、まさにそれに適した場所だと勝手に想像する。

青森高校の取材が決まったときに、あるフレーズが思い浮かんだ。

〝国境の長いトンネルを抜けると雪国であった〟

川端康成の名作『雪国』の冒頭部分である。

しかし、舞台は新潟県湯沢だったことを後で知り、またもや自分の教養のなさが露呈された。

無知は罪だ。

人はイメージだけで物事を決めてしまう習性があり、東北と聞くと、どうしても雪深い山間地で暗い感じを想像してしまう。さらに青森と聞けば、まず〝りんご〟、そして人間的には色白でおっとりして優しい、そんなイメージを抱いてしまう。

だが、何も調べないで思い込みだけで決めつけるのはすごく危険で愚かだということを、今回の取材で存分に学んだ。

『白河《しらかわ》以《い》北一山百文《ほくひとやまひゃくもん》』

諸説あるが、白河の関より北の山はすべて一山百文で買うことができる、という意味だ。

いつの時代であろうが、東北の山が百文で買えるなどあったためしがない。

これは、明治維新の勝者である薩長《さつちょう》と敗者の奥羽諸藩の関係や、また古来より朝廷の支配下にはなく中央から離れていた東北は文化が低いと蔑まれていたこともあって、東北を皮肉るときに使われた表現である。

安土桃山時代、時の天下人、豊臣秀吉によって動乱の戦国時代に終止符が打たれようとし、日本史上初めて国がひとつに纏まるとき、青森で動乱が起きたのだ。

遡《さかのぼ》ること五二五年前、豊臣秀吉の天下統一に最後まで抵抗したのは小田原の北条氏《ほうじょうじ》直《なお》、いわゆる小田原攻めと史実では語られているが、実はそうではない。教科書やテレビドラマなどではほとんど語られない史実が青森にあるのだ。

一五九〇年（天明一八年）、豊臣秀吉は最後まで服属を拒否していた小田原の北条氏を滅亡させ、奥羽仕置《おううしおき》（奥羽の諸大名の成敗）のため小田原を出発。

一五九一年正月、九戸政実《くのへまさざね》が九戸城（宮野城・二戸《にのへ》市）で挙兵する。このときの主力が九戸、二戸、七戸《しちのへ》あたりの南部藩士だった。秀吉の甥《おい》、豊臣秀次《ひでつぐ》を総大将とする一〇万の大軍に対し、九戸軍はわずか五〇〇〇人で籠城し、最後まで抗戦した。

時代の趨勢《すうせい》を見て、長い物に巻かれるほうが賢い生き方かもしれない。

しかし、青森県民の人たちは、長いものに巻かれない〝じょっぱり（頑固者）〟気質があった。

これこそ東北魂である。


「でけえ――！」

思わず感嘆の声を上げた。

青森高校のグラウンドを見てのことだ。

8万4706平方メートル（東京ドームのグラウンドの約六・五倍）もの広大な敷地面積。陸上競技場、サッカー場、野球グラウンド、第一体育館、第二体育館、柔剣道場等等……。

「なんじゃこれ？」

驚くしかなかった。

創立一〇〇周年の記念事業として設立された室内練習場〝無限ドーム〟。これが普通の公立の学校なのかというほどの充実した施設に圧倒された。でも、よくよく聞いてみると青森高校だけが特別ではなく、青森県下の高校はどこもこれくらいの敷地面積は確保しているという。

青森高校は、過去甲子園に四回出ているが、最後に甲子園に行ったのは今から五五年前の一九六〇年（昭和三五年）。二〇一四年の夏は甲子園出場とはならなかったが県予選で決勝まで行った。

青森高校の通称は〝青高（せいこう）〟。キャンパスは一九七八年に出版された新田次郎の『八甲田山《はっこうださん》死の彷徨《ほうこう》』を原作とした高倉健主演の映画『八甲田山』のモデルとなった青森歩兵第五連隊の出発地点でもある。この事件は、青森歩兵第五連隊が、一九〇二年（明治三五年）、八甲田山で雪中の演習中に遭難し、二一〇名中一九九名が犠牲になった事件で、映画での台詞《せりふ》「天は我々を見放した」は流行語にもなった。

校庭のスケールにビックリさせられたが、小川伸悦《しんえつ》校長にお話を伺おうと会ったときも仰天。２メートルあろうかという身長に見上げるしかなく、たじろいだ。

「自分の人生を豊かにするためにスポーツをやるのであって、基本的にスポーツを飯の種にするという考えがありません。スポーツと勉強を両立させることに意味がある。それがなかったら青森高校ではない。ある環境でどれだけ頑張れるかです。野球が一番学

校を盛り上げるということは正直あります。甲子園はちょっと別格ですね。独特の理念なんかないです。結局、自由な校風がずっと続いています。こちらがレールを敷いてまで仕向けようという意識なんてないです。生徒が希望するものについては尊重します」

独特の理念なんかない。あくまでも自由、だから青森高校ＯＢである太宰治や寺山修司を輩出したと言わんばかりの自信。身長だけでなく、考え方すべてにおいてスケールのでかさが人を成長させるのだと感心する。

ピッチャー里村

「おー、すげえ。新聞ですか、これ？　すごいですね。持ってるんですか？　すごいすね」

柔和な顔でまん丸い目をぐっと見開かせながら、惜しげもなく感情を露にする。

一九九三年七月二一日付の東奥日報の九面をコピーしたものをすかさず自分のほうに引き寄せ、嬉しさを隠せない様子。選手の前では威厳を保つべく感情を抑える監督が多い中、選手の前でもこれだけ素直に感情を出す監督も珍しい。

「これ惜しかったんですよ。バントヒット１本だけだったんですよね。それさえなければ大会のパンフレットには、〝光星《こうせい》をノーヒットノーラン〟で載っていましたね」

童心に返ったような顔つきで新聞のコピーを眺める。

今年（二〇一五年）の三月まで監督だった里村輝《あきら》は、青森高校時代、一年秋からエースナンバーを背負い、二年の夏ベスト8、秋ベスト4が最高で、三年春が県大会初戦敗退、そして三年最後の夏がベスト16。今や甲子園の常連校である青森山田が甲子園初出場した年の四回戦でその青森山田と当たり、4対5で惜敗したのだ。その三回戦で光星学院（現・八戸学院光星）を1安打完封した里村監督。

「子どもたちに自慢します。『俺、光星完封したんだぞ』って」

今にも選手たちを集めて、自慢しそうな雰囲気。

「1安打完封の光星との試合の前に、平内《ひらない》高校（現・青森東高等学校平内校舎）と対戦し6対5で勝つんですよ。すごい強いチームだったんで、5点に抑えられて、『あー良かったな』って思ってたら、その試合が終わった後、仲のいいキャッチャーのやつに『里村、今日の投球だとダメだ』って言われたんです。初めてダメ出しを食らい、ものすごい悔しい思いをしたのを覚えています。『俺がこんだけ投げてんだから、勝ってんだろう。何で俺が文句つけられなきゃいけねぇんだよ』と思ってました。でも、そのときに『そういや、バックを信じて投げた記憶がないな』と気付いたんです。光星戦の前だったんですけど、今日は打たせて取ってみようかなぐらいの気持ちで投げたら、すごいうまい具合にいったという感じです。それまでは、自分で抑えてやろうっていう気持ちが強かったんでしょうね」

小学校からピッチャーをやり、小学校六年生のときには練習試合から公式戦まで全敗。投げても投げても勝てない時期が続いたが、中学三年には青森市内で準優勝となる。市内の公立高校から勧誘の話が来るものの、中学の監督は「里村は青森高校に行かせます」と勧誘を断り、県下一の進学校である青森高校へと進み、現役で東京学芸大に入学。四年間野球部に所属し、卒業後すぐ母校の青森高校の臨時講師に就く。

「青森高校の臨時講師になったとき、今の小川校長がまだ教員で研修担当をなさっていて、いつも怒られていました。まず飲み会の作法から何から何まで怒られっぱなしでした。大学でも野球部で上下関係の作法はやっていたつもりではあったんですけど、みんなからは『だから国立大はダメなんだ』みたく言われて（笑）。もう本当に嫌で、何で社会人になってまでそんなことを言われるのかと。でも頑張ってみるかと思ってやってました。小川先生に怒られた次の日、朝一で体育教官室に行って掃除して机を拭いてコーヒーを淹《い》れて待ってたら、年配の体育主任が『おお里村、やっとわかったか』って言われましたね。小川校長には本当に感謝してます。あの人がいなかったら、今の自分はなかったと思います」

今までいろいろな学校に行って多くの校長先生と話をさせてもらったが、小川伸悦校長ほどスケールの大きな方には出会ったことがない。前述したが、まずなんといっても身長が2メートルもある。これだけでビックリだし、懐も深い。里村は教員として基礎を作ってくれた小川校長への感謝の念を決して忘れない。

「大学時代、創価大学に、のちに日ハムに行った中村隼人《はやと》っていうピッチャーがいたんですよ。同級生の中村が創価大の先発で初めて投げていたとき、身体を見たら全然違うんですよね。学芸の選手と創価の選手とでは身体つきが違う。尻から膝まで同じラインで、腿《もも》と尻の境目がまったくない。我々は〝ムチムチ〟って呼んでたんですけど」

プロへ行く選手の身体つきは、素人目から見ても確かに違う。特に下半身。腰回りから臀部《でんぶ》、太腿にかけてムチムチというよりモコモコだ。

「プロに行く子って、我々がやっているレベルよりもう一個二個上で、まったく別次元のレベルなんだっていうのが、東京に行かないとわかんなかったと思うんですよ。青森の大学に行って野球やっていたら、絶対上のレベルを見られないですから。東京に行って本当に良かったなと思います。ウチの二つ下の後輩で、日ハムの二軍コーチやっている加藤武治《たけはる》っているんですけど、ベイスターズにドラフトでかかって、最優秀ホールドも獲ったんですよ。そいつが大学のときは大したことなかったんですけど、社会人に行ってから150キロぐらい出るようになったんです。アホかっていう話ですよ。150ですよ！　150って神様のレベルですよ。そんなのもいたし、桐蔭学園でコーチやっている小倉《おぐら》丞太郎《じょうたろう》っていうのも１４５を軽く放っていたし……、目の前でそういうレベルの子たちを見られたっていうのは、青森で指導者やるには本当にいい経験だなと思うんですよね。青森で指導者をやってる人って、最高レベルが高校野球までという人が意外に多い。大学で野球やってないっていう人も小中学校の指導者にすごく多いんですよね」

一昔前までは、東北の野球レベルは低いものと見なされていた。冬の雪によって練習がままならない。自然環境が厳しい地方は野球後進県だとずっと言われ続けてきた。

一九九〇年代初頭から、東北の私立が関西地方を中心に野球留学として特待生を取り続けてきたが、全国大会で結果が出なかった。言葉は悪いが所詮は関西の二軍、三軍レベルの選手ばかりで、スキルがあってもメンタル面が弱かったのだ。それが段々とメンタルも強い選手が入ってきて、西の野球が注入されていく。いわゆる、スピード野球だ。

関係者に聞くと、「ボール回しにせよ、ダッシュにせよ、関西の子たちは速い。スピードがまったく違う」。関西の子たちのスピード感をまざまざと見せつけられ、そして感化され、さらに東北人が持っている性質が合致していく。東北人は雪によって一年の四分の一から三分の一は交通機関が麻痺《まひ》するため、家の中で辛抱強くいなくてはならない。さらに青森は全国一、二の積雪量で除雪作業だけで年間約三〇億円かかる。地元民は除雪ではなく〝排雪〟と言っているが、降り積もった雪をいわば海に捨てる作業。それが年間三〇億円。すべて市民の血税であり、毎年毎年のことでもある。自然と向き合って生活するしかないため、粘り強さが身に付くのも当たり前である。

やがて雪の上でのトレーニング方法を基礎トレーニング中心に変えていくことで、長打力、走力が備わり、さらに関西圏の野球を取り入れたことでダーティーな野球もできるようになったのだ。

それでも里村監督に言わせると、

「青森高校に入ってきた生徒たちでも、本当にルールがわかんないですからね」

思わず耳を疑った。アパッチ野球軍じゃないんだし、光星の甲子園での活躍が象徴するように近年の青森の野球はレベルが上がっているものだと思っていた。ましてや青森高校は毎年一回戦負けのチームではなく、仮にも甲子園に手が届く高校の野球部に、ルールもわからない選手が入ってくるものなのか。

「ルールがわかんないですね。普通に新一年生として入ってきて、三年生チームが仕上げている頃に、一年生ランナーをつけてシートノックすると、ワンアウト三塁でフライが上がってもタッチアップしないんですよ。意味わかんないらしいです。『おまえ、中学のとき野球部だったの？』『はい』って堂々と答えます。ウチの学校でやってる子たちっていうのは、そこからのスタートです」

また三塁ランナーにいて、ライナー気味のフライが上がっても打球を見ずに一目散に走ったりする。当然、外野手が捕球しダブルプレー。「今、走れないのわかんないの？」と聞いても、ただ口をあんぐりさせているだけ。三年生の中に入ってのプレーで緊張してるのはわかる。しかし、緊張だけでは済まされないレベルのプレーが頻繁に出るのも事実。

どうやら今の子どもたちは『パワプロ』といったゲームの中でルールを覚えている。昔は、空き地があればカラーバットとゴムボールで野球をやって、遊びの中でルールを覚えていた。それが、一番自然だし楽しみながらできる。

「私の子どもの頃は、青森でも田舎のほうなので、小学校一年生と六年生が一緒に野球をやったり、その中でできない子をいかにうまく一緒に楽しませるかとか、うまくハンデをつけるとか、それこそ土や砂利の上で遊んだりした。でも、今の子どもたちはそういう経験がないっていうのは、悲しい。遊び場がどんどんなくなってきている。都会ならまだしも青森でさえそうなっています」

これしたらダメあれしたらダメという規制が多過ぎて、子どもたちの居場所がどんどんなくなり、家の中でしか自由がきかない。最近の公園は球技禁止が多いという。ボールが人や家にぶつかって危ないためという理由。私からしてみたら意味がわかんない。ボールぶつけてしまったら、みんなで謝りにいくこともひとつの経験。みんなで、「どうする？　どうする？」となって、「おまえ行け、おまえ行け」とか言って、みんなで謝りに行くこともひとつの人生勉強だと思う。

情緒は家の中だけでは育まれない。友だちと遊び、冒険することで、失敗し、学び、育まれていくもの。このままではすべてが利己主義優先の世の中となり、善悪の二元論だけで片付けられてしまうのは、非常に危険に思えて仕方がない。

雪国のハンデ

公立でも県によっては推薦入試があり、特待生制度でスポーツを強化している学校がある。それでも進学校として〝文武両道〟を堂々と謳っている高校がある中、青森高校は正真正銘の文武両道の学校である。

「現役当時は、あんまり甲子園という意識はなかったんですよね。今は優勝したいっていう気持ちがすごく強い。青森県の頂点に立ちたいという気持ちがすごく強いです。甲子園に出るためめっていうよりも、ともかく青森高校を青森県のナンバーワンにしたい。春でも夏でも秋でもいいので、光星・山田（青森山田）・工大一（八戸工業大学第一）・聖愛（弘前学院聖愛）を倒して、この子たちを一番にしてあげたいなって思います。ほんとに頑張っている子たちなんで。夏だと甲子園に繋がるんですよね。優勝するとなると、必ず光星・山田・聖愛が目の前に立ちはだかってきます。私はいつも光星のピッチャー、山田のピッチャーの球を打つためにはどうすればいいのかを常に意識させていきます。周りは私立私立っていうけど、県立でも強い学校はあるので、私立を倒すというのじゃなく、優勝するためには倒さなきゃいけない相手がたくさんいるという意識を、選手たちに植え付けています」

倒さなくてはいけない強豪校はどこの県にもある。指導者がとやかく言わなくても、選手たちが一番わかっている。

「光星、山田のピッチャーってピンチになっても甘い球が絶対に来ないですよ。チャンスは作れるんですけど、そこから打てる球が来ないんですよ。必ず厳しいところに球が来る。そこがすごいなと思う。それをウチのピッチャーにも求めていきたい」

良い投手と平凡な投手の差はどこか。奪三振率や球速なんかではない。いかに点を与えないか。極端な話、ランナーをホームに還さなければ、いくらランナーを出してもかまわない。強豪校のエースは、ランナーを溜めてもここぞというときは絶対に棒球を投げない。いくら口で言ってもできるものではなく、積み重ねた経験から得る部分だと里村は言う。

「よくピッチャーに言うのは、『ここでいい球放れ。打ち取らなくてもいいから、おま

いですか。キャッチャーは変化球のサインを出してるけど、俺は絶対ここは真っすぐで勝負しなきゃいけないという場面がある。そういうこともキャッチャーと詰めていかなきゃいけないということをしゃべりますね」

キャッチャーのサインが合わず、しぶしぶキャッチャーのサイン通りに投げると、まず打たれる確率が高い。わずか25・4センチ高いマウンドでしか見られない景色の中でバッターと対峙《たいじ》する、ピッチャーにしかわからない第六感というものがある。その感覚を信じ、投げ込むことも大切。ピッチャーはエゴイストであれ！　里村監督はそう教えたいのである。

「プレーにおける学習能力は高いと思いますね。決め事を作ればすぐ対応できる。例えば、挟殺プレーはこうやろうと決めれば、すぐできるようになる感じはします」

室内練習場では、挟殺プレーの練習を丹念に繰り返しやっていた。挟殺プレーの約束事として、投げ手は受け手とランナーとが重ならない位置からボールを投げる。

「偽投なしのチームがけっこう多いんだけど、ウチは偽投ありにしています。どこまでだったら偽投かけていいとか、これ以上いったら偽投なしにするとか。絶対、そのほうが早くアウトにできると思うんです」

挟殺での偽投は、プロの選手でもやらない。なぜかというと、偽投によって相手を騙《だま》すつもりが自らのチームの選手が騙されてしまい、エラーが増えてしまうケースが多々あるからだ。

「自分が大学時代、偽投をやってたのですがやりにくかったことは全然ないですね。それで、この子たちにウチは偽投を使うと説明し、十分不便なくいけてます。ただ練習で投げないとわかってるから、ランナーが動かないというのが難点ですけどね」

監督の明確な意思があってのプレーであり、試合の流れが変わるプレーでもあるため、必ず練習メニューに取り入れている。

「雪国のハンデっていうのは、今は感じないですもんね。私たちは雪が降ってるとグラウンドがまったく使えなくなるんで、完全に割り切ってシーズンオフを迎えられる。雪が降らないとこってどうしてるのかなって思いますね。いつまでノックやってたりするんだろうと思ってます」

青森高校には、前述したように立派な室内練習場が完備されている。内野のノックなら十二分にできる広さだ。逆に東北以外の公立校にはほとんどといっていいほど室内練習場は完備されていない。雨や雪が降ったら、もうお手上げ状態だ。ある高校の監督は、「東北と比べてもどっちが環境的に厳しいかわからないですよ」と言っていた。確かに同感である。

「修正能力は高いと思います。左ピッチャーで負けたら、一週間左対策をしながらみんなで『どうするべ？』と意見を出し合いながら考える。私が何も言わなくても自発的に考える。身体能力がある子はほとんどいないけど、考えたプレーをちゃんと頭に入れる。準備して待つとか、そういうことをきちんとやっていけば、絶対私立にも勝てると思うんですよね。140キロ以上放るとか、ホームランをバカスカ打てるといった個人能力を比べたら、絶対敵わない。頭でカバーできることには限界があるかもしれないですけど、レベルは極限まで持っていきたいですね」

里村監督の意思は十分にわかった。では、選手たちはどう思っているのか。

いつも笑顔を絶やさず、野球漫画の名作『キャプテン』の谷口タカオのような中村港《みなと》選手（現・東京学芸大学）は、

「自分は脚に自信があるので、脚を生かしたバッティングをしなくてはいけないと思っています。ショートへの深いゴロやセーフティーバントでうまく駆け抜ける。とにかく転がしてランナーを進めるのが自分の役割です」

小柄で愛くるしい顔の彼は、自分のことを的確に分析して話をしてくれた。そして、私立に対する意識はどうか、野球留学する選手を見てどう思うかを質問すると、

「彼らは覚悟を持って越境入学して私立に入ってきています。むしろすごいと思います」

予想だにしない答えにいささか驚く。「いや〜私立は設備がすごいですから」「選手の能力が違いますから」といった答えが返ってくると正直思っていた。中村選手は、相手

への妬みを言うのではなく、同じ高校生としてきちんとリスペクトしているのだ。普段、仕事への反発からか、すぐ妬みや嫉《そね》みを言ってしまう自分は、忘れていた何かを教えられた気がする。

どっしりした体格で、見るからに四番という風貌のキャッチャー飯田寛士《かんじ》選手（現・金沢大学）。

「私立に勝つとかではなく、自分たちの野球を確立し、息切れせずに試合をやれるかです。練習中から意識をもっともっと高めないといけない」

包み込むような優しい細い目で、こちらの質問に丁寧に答える。あまりの人の好さにプライベートなことも突っ込みたくなり、彼女がいるのかどうか聞いてみた。

「はい、います」

照れることなく堂々と言う。極めつきの質問をしてみた。彼女と野球、どっち取る？ワルノリだ。

「野球です」

これもはっきり言う。

——**これって書かないほうがいいよね？**

「いや、ご自由に」

ニコニコしながら言う飯田選手。あくまでも正直に答え、大人物の風格が漂い、ちょっとたじろいでしまう自分がいた。

白戸《しろと》星河《せいが》選手（現・横浜国立大学）はチームのムードメーカーであり、チーム一の俊足。ベンチで笑わせ、塁上をかき回すという貴重な存在。白戸選手は野球に対して貪欲であり、

「健大高崎の走塁に対しての指導ってどうしてるんですか？」

と質問してきた。自信のある脚をさらに強力な武器にするため、走塁で定評がある健大の指導方法を聞いてきたのだ。

青森高校の選手たちに話を聞いて感じたのは、まず自己分析ができており、そのためには何をやらなくてはいけないかという課題を持っている。そのための準備をいつも模索している感じだ。

野球の指導において技術はもちろんだが、その前にやらなくてはいけないことがある。心の鍛錬と準備である。瞬時に適切な判断をするためには、あらかじめ準備をしておかなくてはならない。準備を怠ると、雑なプレーや凡プレーに繋がってしまうからだ。

「準備の話はしますね。野球はボールが動いている時間って、2時間のゲームのうち10分か15分ぐらいなんです。1時間45分はただ見てるだけ。その1時間45分の間に何をしてるかというと、準備しかないんですよね。プレーの引き出しをたくさん持って、こうきたらこうするという準備をしておけ、といつも言っていますね」

里村監督が熱く語ってくれた。

野球だけでなく、勉強でも仕事でも、何においても準備は必要である。準備をしすぎて困ることなどこの世の中にはない。

津軽弁

親睦を深める意味で、里村監督と岡本部長、編集者と私で食事に行くことになった。

繁華街から少し離れ、フラッと来た旅行者では決して通らないような脇道に連れていかれる。さすが地元民だなと感心していると、里村監督の馴染みの寿司屋に案内された。外観はいかにも昔ながらの寿司屋という雰囲気で、中に入ると清涼感満載、そして「いらっしゃい！」と大将の威勢のいい声が響く。古い日本家屋で壁は土壁、床には濃紺と白の丸いタイルが敷き詰められており、古き良き昭和の懐かしさが漂う空間。奥にある四畳半の個室に通され、〝よっこらっせ！〟と掛け声をかけるかのように皆が座ると、里村が、

「言葉は大丈夫ですか？」

ふいに言う。

言葉が聞き取れるかどうかと、私たちを気遣ってくれたのだった。

青森というと、ズーズー弁のイメージがあるものの、多くの選手たちに取材してみても、別段聞き取れないことはなかったと告げる。

店員さんが来てまずは飲み物を注文し、各々がおしぼりで手と顔を拭き終わると、いきなり岡本部長が、

「〝せばだばまいねびょん〟です」

続いて里村監督も、

「〝せばだばまいねびょん〟だよな」

どうやら御当地の言葉で、遊ばれているらしい。地方取材では、よくあることだ。

『秘密のケンミンSHOW』ばりの言葉で、さっぱり意味がわからない。

観念して聞いてみると、〝せばだばまいねびょん〟＝それじゃあダメだよね、という意味だそうだ。

「〝せば〟、〝へば〟、〝さば〟、津軽ネタ。東京の人にはわからない。すいませんね。今すごくだらないこと言ってしまいました」

津軽弁の特徴を話す里村。

〝せば〟＝だったら。

〝へば〟、〝さば〟＝じゃあね（別れの挨拶）

日本語とは次元が違う言葉に聞こえる。

「南部弁はまたさらに違いますね」

里村監督が軽快に答える。

同じ青森県同士なのに津軽弁と南部弁では言葉が通じないらしい。どうしてそうなったかといういきさつは、二つの地理的かつ歴史的背景から推察される。

まず、青森県の中央に南北に屹立する奥羽山脈によって、明治以前は人の往来が困難だったため、方言も交わりにくかったと言われる説。

そしてもうひとつは、戦国時代、青森県は南部藩の支配下にあったが、時の為政者の大浦為信が反乱を起こし津軽藩を作った。それ以来、津軽藩と南部藩の仲は悪くなり、明治時代に青森県となったが、南部、津軽の間に感情的なしこりが残ったという説。

どちらの説も確証的には曖昧だが、ただ事実として南部と津軽では言葉がかなり違うということはわかった。

「正直なところ、取材の話が来たとき、ウチみたいなとこでいいのかなと思いましたね。特別変わったことをしているわけじゃないし、もっといろんなことやっている学校が他にたくさんあるんじゃないかなと思って。取材に来られても何も出ないですけど大丈夫かなと」

嘘偽りなく本音で話してくれる。

今回、ピックアップした他の高校も同様のことを言っていたが、里村監督が言っているニュアンスとは少し違う。

他の高校は「特別なことをしていないから取材に来てもしょうがないですよ」という、そちらの期待に応えられないので、取材は厳しいという断りも含めた感じの言い回しだったが、青森高校は「特別なことをしていないですが、取材大丈夫ですか!?」ということちらに気を遣っての発言。これも県民性が窺える。

アルコールも手伝ってか里村監督の口も滑らかになり、ゆっくりと思いの丈を吐き出す。

「家族といるより生徒といるほうが長いですからね。でも、自分で監督をやっていて思うんですけど、私は野球バカじゃないなと思うんですよ。周りの監督さんを見ても、本当に野球だけ、それこそ昔気質の、家庭を顧みずにまわりから母子家庭みたいだと言われながらも、〝俺は野球で生きるんだ〟みたいな人がいっぱいいます。私には、あんまりそういう感覚はないんですよね。家庭も野球部の生徒も、同じに見ていたいなと思っています。私が思うに、家庭がしっかりしてないと生徒もちゃんと見られないだろうし、どっちかに重きを置くことって絶対にできない。OB連中の中には『里村、おまえ、もう子どもを見ている暇なんかないんだから。甲子園へ行くのが一番なんだから、ちゃんと野球やれよ』みたいなことを言う人もいるんですよ。でも私は『そうは思ってません。

家庭も野球もどっちも大事にしなきゃダメだと思っています』と反論するんですよ」

　ただ業績を上げるだけなら、手段を問わなければ誰でもできる。一般社会を見てみると、本当の意味で仕事ができる男は家庭も大切にしている。守るべき人を大切にしないで、何が仕事だということだ。

「聖光学院の斎藤監督の記事で、坂本龍馬の本を読んで何かを得たみたいなことが書いてあったのを見たとき、私はまだ読んでないなと思いました。兵法の書を読んでないから、私は監督やってる場合じゃねえなと思いました（笑）」

　あけすけにものを言う里村監督に妙にシンパシーを感じた。選手にとっては監督というより年の離れた兄貴って感じなんだろうと、即座に思ったものだ。

「確かに優勝したい気持ちはあるけど、だからって二四時間野球のことだけ考えてまではやりたくないと思うんですよね。東大を目指し、かつ甲子園も目指しているじゃないですけど、欲張りだけど家庭を一番に思いながら、野球も一番にしたい、それを求めないと絶対ダメじゃないかと思うんですよね」

　どっちかだけをやるのではない。東大を目指し甲子園も目指す。

　これこそ青高野球部の魂である。

勉強法

県下一の進学校である青森高校の二〇一五年の進学状況は、東大4、京大1、東北大19となっている。

野球部に所属している以上、他の生徒より必然的に勉強時間を削られるのは、いわば宿命のようなもの。よく、野球部員は三年夏に引退してから急激に伸びると言われているが、誰も彼もそうというわけではない。

「夏が終わるまでに、どれだけ下地を作っているかだと思うんですよ。それが授業なんですよね。授業で寝ていては絶対伸びないですよ。結局、野球で飯を食っていくことなんて、なかなかできない。青森高校の生徒は大学に進学して、それぞれの道に進んでいく。野球をやっているからといって自分が目指す道を絶つというのは絶対ダメだと思います」

青森高校に入ったからといって三年の夏までずっと野球だけに没頭し、引退してから勉強をやったって間に合うはずがない。いくら排気量が違うといっても、車だってエンジンを常に動かしておかないと故障してしまう。

「一浪してでもというのは、私は嫌なんです。絶対、現役で大学進学、甲子園を目指しながら目標を達成することこそ青森のユニフォームを着てるプライドだって、生徒には言っています。それをやるためには、授業をしっかり頑張んなきゃなんない。予習復習とかやってる時間がないから、その代わり授業だけは絶対に寝ないで必死になって聞けよってことです。それをやって夏まで来ると下地ができているので、そこからすごい伸びで上がっていくんですよ。それを疎かにしている生徒は、やっぱり伸びないんですよ」

里村監督が現役で合格することを良しとする中、それに逆らうかのような教え子がいた。

二〇一〇年に卒業した相馬弘季《そうまひろき》は三浪して早稲田に入学した。

「現役時代はまったく勉強していないです。ゼロです。テスト前には勉強しますが、所詮、短期で勉強したことはすぐ忘れてしまいますからね」

高校時代、文系一六〇人中八〇番目くらいにいた。現役のときは、立教、東京学芸を受け、早稲田は無理だと思って受験しなかった。立教、東京学芸に受かっても浪人すると決めていた。結局、一浪目も二浪目も他の大学は受かるが、早稲田だけ受からず、迷いもなく三浪目に突入する。

「一浪二浪は自宅で勉強していたので、競う相手もいなくて中途半端になっていたと思います。三浪するときに親から『外に出てもいいから頑張ってくれ』と言われて、東京で寮に入りました。三浪目はきつかったです。模試で上位にいるのは当たり前だし、きつかったですね。不安はあったんですけど、自分で決めた道なんで後戻りはできなかったです」

三浪目は筑波、立教、立命館、そして早稲田に受かり、念願が叶った。三浪で入学すると、現役で入った四年生と同じ年となる。最初は年齢の部分で少し不安もあったが、野球部の同期に四浪がいるなどして、年齢問題はすぐに解消した。

「甲子園にも行ってないし、チーム内での競争もしていないし、日本一強い早稲田で自分はどれだけやれるかという挑戦がありました」

初志貫徹というか、三浪までして早稲田に入った相馬選手。精神力の強さは並大抵じゃない。底知れぬ強い意志にただただ感服するしかなかった。彼にもまた〝じょっぱり〟魂が脈々と息づいている。

授業中に理解する。もともと青森高校に入れる頭脳を持っている子たちなので、集中して授業を受ければ100%じゃないにしても、ほぼ八、九割は授業内で理解できるという。それができれば東北大は合格可能だと言い切る里村監督だが、「東大は違う」と断言。

「東大に行く子は、それよりもうひとつ上を行ってます。東大じゃないけど、弘前大医学部に入った子は、土日の練習試合が終わった後に、一週間分の予習を終わらせたと言ってました。平日にできないことがわかっているから一週間分の予習をする。それが一個上の生徒なんですよね」

こういう先輩がいたからおまえたちもできると言うのは簡単だが、やるとなると難しい。でも、上のレベルへ行く子は誰かに強制されたわけでもなく自発的にやる。

「同期で東大へ行ったやつに『おまえ、どうやって勉強してるの？』って聞いたら、『いや、勉強してねえ』って言うんですよ。『何してる？』って聞くと『授業中に必死に覚えた』と答えるわけです。『授業で覚えてしまえば勉強することねえんだ』って言うんですよ。私はそいつ東大を落ちるんじゃないかなって思ってました。むしろ、落ちろって思ってましたけど（笑）。でも、現役で入りましたよ。何か悔しいじゃないですか。あいつだけが東大入ったなんて。落ちろって真剣に思ってましたけど（笑）」

チームメイトの東大不合格を本気で祈っていたのかどうかはさておき、つまり授業でやっていることをその場で理解してしまえば、家に帰って勉強することはなくなる。野球をやっている間の勉強は、授業だけ。東大へ行く子のレベルは、いわば人よりも飛び抜けていなくてはならない。かつて大手予備校「河合塾」の東大コースの先生を取材したときに聞いた「京大までは誰でも入れます。でも東大だけは違います。頭の構造がそもそも違います」という言葉を思い出した。

生まれてこのかた、東大に入るという選択肢を1秒たりとも持ったことがないので、あまりピンとこない。東大へ入ることの困難さはイメージできるが、具体的にはわからない。東大だけでなく旧帝大へ入る難しさも正直わからない。

「東大以外なら誰でもやれますよ。だって青森高校ですもん」

里村は、こともなげに言う。

「四年前にほぼ東大に入れるくらいの学力を持ったキャプテンがいて、文系で一番か二番でした。東大へ入るものだと思っていたら、結局、指定校推薦で慶應へ行ったんですが、彼はオフの月曜日だけ塾へ行ってました。月曜日の16時ぐらいから夜まで塾に行って、火水木金土日は練習という生活を送ってました。月曜日に行く塾で一週間分を勉強するんです。それにはびっくりしましたね。青森高校でトップにいるっていうのはそういうことなんだな、とあらためて思い知らされました。野球でも三番ファーストでキャプテンやって、学年で一、二番。あれはすごいなと思いました」

青森高校に来ている以上、東北大は誰でも手が届く位置にある。ちょっとモノが違う子が東大へ入る。野球でも、幼い頃からちょっとモノが違ったやつがプロ野球の門を叩くのと同じ。東北大への道は容易だということを強調して言うので、里村監督自身は東北大進学を考えなかったのかどうか聞いてみた。

「行けたかもしれないけど、行く気がなかったっていうのが一番の理由」

躊躇せずに即答した。そこに揺るぎない自信が窺えた。

「授業中、寝ていたことはないですよ。授業は絶対に聞いてましたね。授業で覚えないと家に帰って勉強する時間がないので、その場で覚えないとダメですね。高校時代は家に帰ってから勉強したことはないです。テスト前の一週間は部活が休みになるから、そのときだけ勉強しました。今よりもはるかに練習時間が長かったんで、家に帰ると大体22時くらい、それから飯を食って風呂に入ればもう寝るしかない。授業って一番その分野を詳しく説明してくれているのに、そのとき寝ていたら、家に帰って復習しようと思ったって絶対できないじゃないですか。授業を聞かないのは一番損ですよ。唯一例外は保健の授業で、一回だけ寝たのを覚えてます」

私は授業中、よく寝ていた。特に昼飯を食べた後の五限目に襲ってくる睡魔に勝てたためしがない。一度、授業中に寝てしまい、ハッと起きたら別の授業になっていたときもあった。「休み時間を通り越したかぁ」と呑気《のんき》に構えていたものだ。時間の使い方を完全に間違えていた。だから齢五〇近くになって苦労している。

勉強でも野球でもなんでもそうだが、他人から強制されてやるのではなく、自らの意志によってやらないと、成長しない。

「自主性を一番大事にしているところですね。こっちが決めつけて、あれやれ、これやれって言うと、ウチの子は伸びないと思うんですよね。自分で考えてやることができる子たちだと思っていますから。だから、何かあるとまず『考えろ』って言います」

一時期、青森高校では放課後の16時半から19時まで特定教科の補講をやっていた。里村監督は、この補講に対して少しだけ疑問を呈していた。

「この学校で、生徒を無理矢理レールに乗せるみたいなことをやってはいけないと思います。可能性を失っちゃうような気がしてなりません。勉強って生徒がやりたいと思うから伸びるのであって、伸びたいと思ってない子にいくら与えても絶対無理なんですよ。腹いっぱいのときにご馳走を並べられても、絶対食わないでしょ。腹が減ってるときは何だって食うじゃないですか！　欲求。勉強をやりたいと思わせるのが教員でしょ。『勉強っておもしれぇな。これだったらもうちょっとやってみてぇな』と思わせるのが教員でしょ」

なんでもかんでも詰め込めばいいというのが教育なのか。勉強を作業にしてはならない。作業にした時点で自律性はなくなってしまう。自発的にやらせることが自立に繋がり、それこそが教育ではないのか。

里村監督の言葉は、いつになく熱かった。

決勝前夜

「決勝前の雰囲気は、生徒は『普通にやるべ』といった感じで入ったと思うんですよね。私もそう思ったけど、生徒も心のどこかでは『もしかしたら光星に0対20で負けるんじゃないかな』っていう気持ちは絶対に持っていたと思うんですよ。光星というのは、そういう相手なんですよね」

高い山を目の前にすると誰でも一瞬臆してしまう。その瞬間に飲み込まれてしまうかしまわないかで、勝負が決まる。

どの県もそうだが、決勝戦だけはコールドがない。ましてや一三年ぶりの決勝進出で、相手は甲子園常連校の光星。記録的な点差で負けるかもしれないという不安が生じても無理はない。指揮官として全校生徒が応援に来ている中、無様な戦い方をしてはいけないという気持ちが先走る。決勝に出る以上、対等である。五分と五分なのだ。十数年ぶりの決勝だろうと初の決勝だろうと、自分たちを卑下する必要はない。

「光星、山田っていうのは、私にとってみればやっぱり強い存在。勝てるわけがないなっていうのが最初にある。いい勝負して、1点差2点差で青森高校よく頑張ったなって終わっていたのが今まででした。正直、準決勝の山田戦もそういう感覚は持ってましたね。監督として、勝たせなきゃいけないのはもちろんですけど、カッコいい負け方をさせてあげたいなっていう気持ちもありましたね。全校応援の中で、無様な負け方はさせたくない。負けるんだったら、カッコよく負けさせたい」

二〇一四年夏の青森高校の勢いは確かにあった。

準決勝の青森山田戦。青森は四回まで散発4安打。五回から登場した青森山田のエース山地（大成／現・桐蔭横浜大学）に八回までノーヒットノーランに抑えられ、八回裏の青森山田の攻撃、四番岡田元気（現・白鷗大学）が初球インハイのストレートを詰まりながらも腰だけの回転でライトスタンドへ放り込むホームラン。これで0対3。エースが完璧な投球、四番がホームランの2打点、投打の大黒柱がきっちり仕事をしての0対3。球場全体の雰囲気から誰が見ても敗色濃厚だった。

「決勝は、『駐車場の整理かぁ、暑いよなぁ～』と思いました」

岡本部長は笑みを隠しながら言う。

それが最終回、驚異的な集中打で7安打5得点、結局、5対3で逆転勝利。全員がヒーローだった。

「準決勝が終わったときはすごかったですよ。観客が帰らずに生徒たちの周りを囲んじゃったので、その場でミーティングできなくて学校に帰ったんです。学校に着いて、

『今日のゲーム、最後よく逆転した。でも優勝したわけじゃねぇから調子に乗んなよ！』って言った後に、『でもよ、決勝だよ。決勝！』って、グラウンドで私も一緒に『わ――い！　やった――！』ってみんなで大喜びしましたね。あれ、球場ではできないですからね」

監督も選手も一緒になって、グラウンドで喜びを分かち合う。球場では相手校への手前もあって、学校のグラウンドで歓喜の雄叫《おたけ》びを上げた。

二〇一四年夏の県大会決勝の相手は、八戸学院光星。甲子園出場が春8回、夏7回、二〇〇〇年の夏にはベスト4進出、一一年夏には青森県勢四二年ぶりの決勝進出、翌年センバツは同県初の決勝進出、同年夏も決勝進出したが、いずれも準優勝に終わり、甲子園において史上初の三大会連続準優勝になるなど、全国屈指の強豪校である。

七月二三日の決勝戦は雨天順延となり、その日青森高校は室内練習場〝無限ドーム〟で最後の調整をした。

「決勝戦は雨が降ったため一日順延になったんです。当然、両校ともに練習の取材があるじゃないですか。夜のニュースで光星の練習風景が流れていて、見てたらキャプテンが『決勝は通過点なんで』みたいなことを喋ってたんですよ。このヤローと思いましたね（笑）」

光星にとって決勝戦の青森は眼中にない。あくまでも甲子園で勝つことを視野に入れた発言。自信を持つことはいいが、過信はいけない。

「決勝当日、13時からの試合だったので、午前中は学校でバッティングをやっていました。毎日、グラウンドベンチ内にあるホワイトボードに今日の目標を書くんですけど、この日は〝通過点の意地〟って書いてあったんですよ。それがすごく嬉しくて」

里村は目を細めて話す。感情を表に出すので、こちらまで嬉しさが伝わってくる。

「〝通過点の意地〟って書いてあるホワイトボードがダッグアウトに掲げてあって。私はそれをバッティングのゲージの後ろに持って行って『通過点かもしれないけど、最強の通過点になってやるべ』って。簡単には行かせねえと思いましたね」

みんな光星が勝って当たり前だと思っている。しかし、簡単に勝たせてやるものか。最後の通過点として最強の壁になってやる。「ふざけんなよ！」。選手たちが一体化した瞬間でもあった。

里村は、7、8点の勝負になるだろうと予想していた。

データによると、決勝で先取点を取ったチームの勝率は8割5分7厘。二〇〇〇年以降の高校野球青森大会の決勝スコアを見ると、先制したチームが優勝する確率が高いというわけだ。両チームとも強打を売りにしており、疲弊している投手陣を見ても乱打戦は必至である。

青森市営球場のスタンドは、待ちわびた決勝戦を観客たちがいまかいまかと熱気をはらんで見守っている。準々決勝、準決勝とも違う雰囲気。里村は、心してかかった。選手たちを見ると、緊張している様子はない。現代っ子特有の感覚なのか、決勝まで来たという自信が漲っている。

先攻後攻を決めるジャンケンに立ち会う岡本部長に、いつもは先攻後攻どっちでもいいと言ってきたが、決勝のときだけは「先攻を取れ！」と里村は告げた。

「イーブンで勝負しないといけない。どうやっても0対0からのスタートなんですよ。相手が強ければ強いほど、先攻で行く。点が取れなくても一回表が終わって0対0。後攻を取ったら先攻で何点取られるか、一番から始まる攻撃を抑えられる保証はない。一回表に3点4点取られた日には、もう萎えますよね。光星相手に0対4でスタートでは分が悪い。先攻を取ったら、絶対に0対0ですので。一回表だけでも本当にイーブンで戦えるし。それこそ山田の元監督の渋谷さんから人伝《ひとづて》に『先攻を取んねえと負けるぞ！』みたいなことを言われました。光星相手に後攻取ったら、光星は『青高、大したことないじゃん』と思われるって、渋谷監督がアドバイスをくれました」

光星とやるんだったら先攻を取って、本気だぞって思わせることが重要だと名将からアドバイスをもらった。それ以前から決勝戦は先攻を取る、と決めていた里村監督は、ジャンケンに勝ったら絶対に先攻だ、と確信。そして、里村将伍《しょうご》キャプテンがジャンケンに勝ち、見事に先攻を取った。まずはこれで戦う準備が整った。

試合が始まった。

光星の2年生エース中川投手（優／現・大阪体育大）の制球が定まらず、浮いた変化球を狙い、青森は二回に3点先取。

「3点取ったときも子どもたちには『勝つと思うなよ。絶対こんなんじゃ終わらないからな』と言ってたんですけど、それが私の甘さっていうか失敗だったなと思います。逆に、私が光星を強く見過ぎていた感がありました」

里村は悔しさを滲《にじ》ませた。愛嬌ある顔つきで取材中は笑顔を絶やさず、ときおりボケもかましながら懇切丁寧に話してくれていたのに、このときだけは違った。心の奥底からの悔恨の情が現れ、顔をくもらせる。

「光星の戦力を過大評価していたのが失敗だったと自分は思います。決勝に行けば対等だっていうのがよーくわかりましたね。山田だろうが光星だろうが、決勝戦は対等だったんだと」

ノーシードから勝ち上がり、決勝戦の相手は甲子園常連校の八戸学院光星。光星は準々決勝までの四試合を総得点39、失点2と圧倒的な力で勝ち上がり、準決勝の聖愛戦では4点を先攻される苦しい展開の中、終盤の集中打で逆転するなど勝負強さを見せた。

「確かに、素人目から見てもですね、そんなに差があるような気はしなかった」
隣で話を聞いていた岡本部長が突然、口を開いた。野球に関して素人ということで取材中は自重しているようだったが、決勝戦の戦力分析について決勝の場に立った者として言わずにはいられなかったのだろう。

「例えば同じ戦力で練習試合をやったら0対10とかで負けると思うんですよ。でもあの夏、六試合を戦って、工大一を倒して、山田を倒して決勝に行ったウチのチームの強さっていうのを感じ取れなかったというのが大きいんじゃないかと思います。初めての決勝という気負いからなのか、気持ちが臆してしまいました。本当はまったくの対等でした。どこも負けている部分はなかったですね」

対等に見られなかったことが失敗だったと分析する里村。聖愛だろうが光星だろうが、決勝戦は対等なんだというのがわかった試合でもあった。

「ピッチャーのせいっていうとあれですけど、エース頼みのまま負けていった試合が多かったので、昨年のチームは二人のエースがいて全部継投で勝ってきた。今までの青森高校じゃない戦い方ができたことが快進撃に繋がったのだと思います。帝京の前田監督に教わったピッチャーの代え方で、あのとき代えればよかったと思うような試合は絶対にやってはいけないって言われたのを教訓にして戦っています」

私立の強豪校は恵まれた環境の中、かき集めてきた能力の高い選手層で十分すぎる練習時間が与えられているのに対し、青森高校は限られた環境、人材と、すべてにおいて限定されている。だからといって甲子園を目指せないわけではない。

「自分らの子だったらできると思います。去年も今年も絶対優勝できるチームです。それは自信を持って言えます」

私立だからどうのこうのではなく、与えられた条件の中で優勝できるチームを作る。それは進学校だからとかではなく、全国の公立高すべてに言えることである。

負け方

「本当は良くないと思うんですけど、負けさせ方ってあると思うんですよ。夏の大会、みんな三年間必死に頑張ってきて、そのときにどう負けたかっていうのは将来にも少なからず響いてくると思うんです」

たかが野球といえども、例えば屈辱的な大敗の中で投げるエースの将来を心配してあげることも指導者の務めである。勝利にこだわればこだわるほど、負け方にもある種の美学がある。

「最終的には優勝は1校しかないので、それ以外の高校は絶対に負けます。将来、卒業して酒を飲んだときに、悔いのない負け方をさせてあげたいなと、いつも思うんですよね。あの山田戦0対3で、あのままゲームが終わっていれば、子どもたちにしてみれば悔いのない負け方だったと思うんですよね。でも、結果勝って、また考え方が変わった。決勝の光星戦も『勝つぞ！』って言いながらも、自分の中では三割ぐらい負けると思っていました。バコバコ点取られて0対20のような惨めな戦いになって、全校応援の前で生徒たちが苦しい姿のまま九回裏ツーアウトでようやく点を取るようなゲームだったらどうしようって、本気で思ってましたね。でも、決勝が終わったときには、そうじゃなかったんだっていうのを知りました。能力は、向こうのほうが高いんですけど、決勝まで行くにあたって、ウチらもすごい強くなってる。能力は変わってないんですけど、山田に勝ったことによって、気持ちがこんなに強くなるのかというぐらいの成長を実感しましたね。勝つごとに強くなるっていうのは、こういうことなのか。七月の中旬に大会が始まって、たかだか二週間の中で、人ってこれだけ強くなれるのかっていうぐらい、強くなってました」

高校野球の指導者にとっての醍醐味《だいごみ》は、たった1本のヒットからバカスカ打ち出す選手や、たった1球の手応えで見違える投球をするようになるピッチャーなど、ある日を境に大化けするチームをつくることだそうだ。勝っていくごとにチーム力が増し、成長の度合いがすこぶる早い。

「チームの成長度を把握しきれなかった私の弱さですよね。やっぱ光星は強いから、私は『通過点かもしれないけど、最強の通過点になってやるべ』ってことを言いましたけど、そういうことではなかったんだなと思いましたね。全然対等でした。能力は負けてると思うんですけど、試合は対等でしたね。何でそれに気付かなかったんだろうと試合が終わった後に思いましたね」

里村は、決勝戦に負けたのはすべて自分の采配のせいだと断言。いまだに決勝戦のことを悔やんで悔やんで悔やみ切っている。

「リアルタイムで試合をしているときは、当然それが最良だと思ってやっています。結果それが失敗だったとしても、そのときは〝こうだ！〟と思いながらやってますから。本当１００％頭を回転させながらやっています。うまくいったら褒められるのは生徒。それでいいんです。失敗したときは素直にキャプテンとかに『いや、ほんと悪かった。あれは、俺のミスだった』って言います」

監督のプレッシャーやストレスは相当なものだと思う。特に甲子園が視野に入ってる常連校の監督は尋常じゃないプレッシャーだ。

「山田の監督なんて、大変だなと思いますよ。青森高校ごときに負けちゃダメな高校ですから。優勝するためには、青森山田、光星を倒さなきゃダメなんでね。競って勝ってやろうと思いますけど。ある意味、山田、光星の監督よりは負けることに対してのプレッシャーはそんなにない。基本的には、どっかで負ける。私立の監督たちは、負けちゃダメだと思って野球をやっている。私たちはどこかで負けると思って野球をやっている。その差はあると思うんです。青森高校が毎年決勝に行けるとなったら、また違うんでしょうけど」

どこかで負けると思ってやる野球、負けてはいけないと思ってやる野球。どっちも同じ野球だが、目指す方向、意識が違えば野球も変わってくる。

「以前、帝京の前田監督に『投手交代のタイミングをどう見てるんですか？』と聞いたときに、『代えないで後悔するぐらいだったら、代えたほうがいい』みたいなことを言われた。今まで何回も代えておけばよかったなと後悔したときがあったなと思い、自分の気持ちが変わったっていうのも大きいかもしれない。ある意味、割り切れたというか……」

しかし、決勝において継投のミスを犯してしまった。

「七回裏、九番のピッチャー中川君から始まって、私は彼をアウトにしたら、一番の北條君（裕之／現・東海大／兄・史也は現・阪神）が回ってくるところでピッチャーを代えようと思ってたんですよ。キャッチャーの飯田とベンチで『中川を打ち取ったら、北條から木村行くよ』って話したら『北條にまだインコースを使ってないから、インコースを使っていけば打ち取れるんじゃないかなと思います』と飯田が言いましたが、私の決断が鈍ったためもう1イニング久保澤を引っ張る形になって、結果、七回にビッグイニングを作られて4失点。結局、私のせいだ。私が失敗したんだ。私に度胸がなかった。本当にそう思う。みんなの夢を奪ってしまった監督ですよ」

中盤まで4対4の接戦だったが、七回にエラー絡みで4失点を喫し、最終回、なんとか粘って2点を返したものの6対8で負けた。

最後の最後まで、決勝戦で負けたのは自分のせいだと言い切る里村。ヤケになって言っているような気もしたが、顔を見ると目は真剣だった。

「去年、決勝で負けたじゃないですか。でも、その前の年、二回戦とか、ベスト8、ベスト4で負けたチームも気持ちはまったく同じですよ。何で、あそこで勝たせてあげられなかったんだろうっていう気持ちは毎年一緒」

一回戦で負けようが、決勝で負けようが、負けは負け。試合に勝たせてあげることが指揮官の務めであり、負けた試合から何かを学ばなければ、監督をやっている意味がない。勝っても負けても試合から学ぶことは多い。絶えず反省をし、すぐ修正して、自分たちの土俵で戦えるチームが甲子園の切符をもぎ取れるのだ。

決勝戦での心得

「経験のなさを決勝が終わった後に痛感しました。本当に悔しかったですね。なんて俺は無力なんだろうっていう決勝でした。いいことをしゃべっていても結局こういうことしかできないんだなって。山形中央の庄司監督が決勝に行って負けて次の年、その次の年に準決勝で負けて、やっとその次の年に甲子園に行った。聖愛の原田監督も決勝で負けて次の年に甲子園へ行った。それを聞いたときに、『ああ、そういうことなのか』って思いましたね。原田監督も『自分も決勝行って負けて悔しい思いして次に行ったんですよ』と話していたし、庄司監督も同じことを言っていた。光星の金沢監督でさえ三年連続決勝で負けて、自分は二度と甲子園に出られない監督なんだと思ったと言います。そこから強い光星になっていった。この経験はすごいことであり、私立を倒して優勝しようとしている同じ県立の監督さんたちに伝えていきたいなと思うんです」

八〇年代、強打強打で打ち勝って全国にやまびこ打線旋風を巻き起こした徳島・池田の蔦文也《つたふみや》監督（故人）は、親しい監督に「優勝するためには準優勝を経験しなくちゃダメなんだ」と口酸っぱく言っていたという。いきなり優勝することの難しさ、準優勝から何を学ぶのか、段階を踏んでいくことで、目標に到達する。

「毎年優勝を狙っている中、ウチの学校クラスだと、正直、次にいつ決勝へ行けるかなんてわからない。毎回毎回決勝まで行けるわけないけど、次に行ったら絶対違うことができるんじゃないかと思うんですよね。だからもう一回行きたいと思うんですよ。私立がどうこうっていう気はないですけど、優勝するためには私立を絶対に倒さなきゃいけないので、懇意にしている監督さんたちとネットワークを作って、決勝ってこういうもんだよっていうのは伝えていきたいと思ってます」

結果的には甲子園に行くというのと同じことかもしれないが、甲子園に行くというより青森県で一番になりたいという気持ちが強い里村監督。

「甲子園にまだ出たことがないので、甲子園で勝つというイメージができないです。甲子園球場で試合していることさえイメージできないので、自分ではまだまだ意識できないです。でも、光星や山田が青森県のレベルを引き上げてくれたのは間違いないと思うんですよ。聖愛は私たちだって勝てるチームだったのに、甲子園で二つ勝ち上がってる。光星が決勝まで行く。山田だって出ればベスト8まで行く。それが目の前にあって、甲子園も遠い存在じゃないと思ってる。だから、私たちがもし甲子園に出ても、もしかしたら一つ二つくらい勝てるんじゃないのかなと。関東とか県外の強豪校とやってもコテンパンに負けるということは、そんなにない。全国優勝っていうのはまったく別物かもしれないですけど、全国に出て一回、二回勝つっていうのは今の青森県のレベルならできると思わせてくれますよね。逆に言えば、それだけ甲子園に出るハードルが高くなったと思います」

二〇年前までは青森といえば野球弱小県であり、抽選会で当たれば相手校からガッツポーズされる感じだったのが、八戸学院光星の躍進で弱小県のレッテルはなくなった。

「県外からの〝外人部隊〟とかいろんな言い方をされているけど、私は全然関係ないと思います。我々は勉強もやって野球もやって、それで勝ちたい。光星に負けて『あいつら野球だけやってるからウチらは負けた』なんて、言い訳でしかないですよ。そんなこと言ったってしょうがないですから。現実は、私立は生徒を集めてナンボ、名前を売ってナンボ。それは私立だからしょうがない。私たちは県立の高校で、来た生徒だけで優勝を狙ってるという、ただそれだけの話なんですよね。でも、私立は〝外人部隊〟で、みんな関西弁であぁだこうだって言う人がいっぱいいる。で、青森高校はその中で勉強もして、よく頑張ったねみたいなことを言われることもある。そういう声は嬉しいが、野球で負けてることは事実。だから野球で勝てばいいだけなんですよね。相手がどうこうではない」

〝私立は県外から集めているから強い〟

青森県民なら誰でも知っていることで、今更言ってもしょうがない。負けて言い訳するくらいなら、最初からやらなければいい。負けるからこそ、不満が出て爆発する。

かつて東北が中央から離れていたため下に見られていたように、高校野球においても長い間野球後進県と蔑まれてきた。九〇年代初頭から関西圏の有力選手を集め甲子園で結果が出ると、誰も野球後進県とは呼ばなくなった。その代わりに、青森県の代表は〝外人部隊〟と揶揄されるようになる。だからといって、県内出身者で構成されている高校が〝外人部隊〟に負けていい理由にはならない。歴史を振り返っても、〝じょっぱり〟魂が宿っている以上、うまく歯車さえ嚙み合えば、とてつもない力を発揮するだろう。

〝外人部隊〟と揶揄するのは部外者の大人たちが面白がって言っているだけだ。選手たちは都市圏から地方にやってくる野球留学生たちの気持ちをきちんと慮っている。それは同情からじゃない。文武両道も留学して野球をやることも同じ覚悟を持ってやっていることをわかっているからだ。特有の〝じょっぱり〟気質からなのかわからないが、周りの風聞や戯言《ざれごと》に惑わされないだけの意志を持ち、相手を認める思いを内包している選手たち。同じ高校生という土俵を忘れることだけは絶対にしない。

自然と共生する心を持ち、なおかつ瞬時に状況判断できる頭脳と粘り強さを併せ持つ青森高校だからこそ、新たな〝勝つ野球〟がきっと見つけられるはずだ。

第6限　佐賀県立佐賀西高等学校

質実剛健
鍛身養志

栄光ある象徴

〝ＥＩＪＯ〟

佐賀西高校野球部の、ユニフォームの象徴ともいえるロゴマーク。

高野連の規定では「学校名と所在地以外の文字を、ユニフォームに記してはならない」とされているが、佐賀西だけは例外。高校がある地域は佐賀城の別名「栄城」と呼ばれており、その「栄城」を同窓会名の冠にし広く県民に認知され、学校名と同等の認識をされているという理由で、全国で唯一特例が認められた、誇り高きロゴでもある。

大小にかかわらず、夢を持つことは素晴らしい。夢があることは人生の原動力になるからだ。しかし、ときに夢はあっけなく脆《もろ》く破れることもある。たった一回のキャッチボールで、夢だったプロ野球選手を断念したのは、佐賀西の廣重《ひろしげ》昭博監督（佐賀東高校教頭―現・佐賀県スポーツ課競技力向上推進室副室長）。

「子ども心にプロ野球選手になりたいなと思って野球をやっていましたけど、高校三年生のときに、ウチのＯＢで、プロ野球選手を引退したばかりの方が佐賀西に遊びにこられたんです。そのときに『君がキャプテンか。キャッチボールやろうよ』と言われてキャッチボールをしたら、高校三年の夏を間近にした僕よりも、使いものにならなくてプロ野球の世界をクビにされた方のほうがいいボールを投げるんですよ。こりゃもうダメだなと。自分は現役として、これより上の世界に行くことはないなって、そのとき思いました」

笑いながら答える廣重監督。恰幅《かっぷく》のいい身体から滲み出る圧とは裏腹の温厚な笑顔。包み込む雰囲気が、対峙する側の心に安心感を与える。

指導者になるために広島大教育学部に進学し、一年間就職浪人した後に採用試験に受かり、伊万里商業に赴任して、野球部副部長、部長を歴任し、五年目に監督に就く。

一九九三年四月から唐津東に行き、一九九八年の夏には同校を決勝まで導いたものの、準優勝に終わる。

二〇〇三年四月に小城《おぎ》高校の監督になり、二〇〇六年の秋季大会で優勝、九州大会ベスト4の成績が認められ、翌年、念願のセンバツ甲子園に出場する。

そして二〇一〇年から母校である佐賀西の監督となる。

「やはり指導者として母校で指揮できることはありがたく、とても光栄なことであると同時にプレッシャーも感じますよね。みなさんの期待が、ものすごく大きいものですから。二〇〇七年の三月に僕が小城で甲子園に出してもらい、同じ夏に佐賀北が全国優勝

EIJO
佐賀西

しました。佐賀北が全国優勝し、佐賀東も甲子園に二度行き、佐賀高校から分離した学校の中でウチだけが行ってない。立場上、ウチが本家なんですけどね」

佐賀藩の藩校・弘道館の流れを汲み、一八七六年（明治九年）に「佐賀変則中学校」として開校。数度の改称と移転を経て、一九四九年（昭和二四年）に「佐賀県立佐賀高等学校」が発足すると、生徒数の増加に伴い、一九六三年に佐賀北、佐賀東、佐賀西の3校に分離。県内有数の進学校と名を馳《は》せているが、佐賀西が本流を受け継ぎ県内一の進学校として君臨している。

「3校の中でウチだけが甲子園に行ってないんですよね。だから、OBだけではなく、一般の高校野球ファンの方々も、佐賀西にはぜひ行ってほしいと思ってくださる方がいっぱいいるんですよ。ものすごく期待も大きいし、やっぱりその分だけいろいろな声も掛かります。母校で指導するっていうのは、伝統校であればあるほど特別だなと感じます」

佐賀北が夏の甲子園四度、佐賀東は二度出場。本流と言われている佐賀西が一度も甲子園に出ていないのは、さすがにばつが悪いと見える。二〇〇七年夏、佐賀北の甲子園優勝はインパクトがあっただけに、余計に忸怩《じくじ》たるものがあったに違いない。伝統校ゆえにOB会も磐石な態勢であり、いろいろなプレッシャーがあることは容易に想像できる。

でも全国にはそういった学校が腐るほどある。〝勝てば官軍〟。勝ち切ることで周りに認めさせるしかない。

練習時間

進学校にとっての懸案事項が〝練習時間〟であることは、すでに共通認識だ。強豪校のように、野球部だけの特別なカリキュラムなど存在しない。野球部員も当然、他の生徒と同じように授業を受ける。昔と違って、今は朝の7時台から始まる〇限目の授業や七限目の授業があり、練習時間はますます削られていく。

「他の県のことはわからないですけど、佐賀ってちょっと独特なんです。進学校と呼ばれる普通高校のほとんどは、一日の練習時間が二時間なんですよ」

佐賀県の普通高校の練習時間が、二時間って決まっている!? 思わず確かめる。

「これ、決まってるんですよ。ウチも17時から練習を始めると、19時には終わります。ウチの学校は、19時半には全員門から出しなさいとなってます。小城高校のときは16時半から練習して、18時半には終わりです」

別に高野連からのお達しではなく、学校独自の決まりらしいが、佐賀県の普通校はみな、練習時間を二時間と設定しているとのこと。

「東京、大阪といった大都市は、子どもたちが部活動をやるにしても予備校に通うにしても、放課後の時間の使い方って自由じゃないですか。勉強したい者は、そのまま予備校に行ってプラスアルファの勉強をするし、部活動をやりたい者は、学校に残って一生懸命部活動をやる。それは個人の自由ということになりますよね。でも、佐賀県には残念ながら大手の予備校がないんです。だから、公立の学校が予備校の代わりもしているんですよ。ウチは、〇限目が朝7時50分から8時30分まであります。それから職員朝礼をやって一限目から七限目まで授業をやります。だから、生徒は一日合計八時間の授業を受けてます。終わるのが16時35分。ただし、ウチの学校は文武両道で行こうってことなので、帰りのホームルームはやらず、そのまま部活に行くようになっています」

平日の練習は、17時から始め、19時には終了。二時間の練習をこなし、それから塾に行く子もいれば、そのまま家に帰る子もいる。学校の予習復習があるため、一日二、三時間の勉強は必要となる。そして、次の日は、朝7時50分から〇限目の授業が始まる。以前、赴任していた小城は当時、〇限目は7時35分からだったという。佐賀県内の進学校と呼ばれる学校は、このような制約の中で野球をやっているのだ。

「だから勝ちたいんです。本当に練習時間が足りないからこそ勝ちたい。それでも勝てるっていうところを証明したいっていうのが正直なところですよね」

心底勝ちたいという気持ちが、ヒシヒシと伝わってくる。

二〇〇七年のセンバツに、前年秋の九州大会ベスト4の実績により出場した小城高校では、どういう指導方法を取っていたのか気になり、聞いてみた。

「今とあんまり変わらないんですけどね。僕、ものすごい合理主義者なんですよ。練習でも試合でも何でもそうなんですけど、野球って筋書きのあるドラマだと思っていますから、こうしたらこうなるというのが全部決まっているんだって子どもたちには言います。でも、こうしたらこうなるようにするためには、絶対にしなきゃならないことがありますよね。別のことやったら別の結果になるわけですから。〝こうしたら〟を徹底してやるためには、絶対精神が重要になってきます。本当に揺るがない心。同じことをやり続けられるだけの心っていうのがすごく必要になってきます。だから進学校の子どもたちであればあるほど、心を鍛えなきゃダメかなと思っているんですよね。小城の頃もそうですけど、この子たちにも妙な妥協や自分に対する言い訳、理由作りだけは絶対させないようにしたいと思っています」

鉄は熱いうちに打てと言うが、心を鍛えるのも同じ。多感な時期だからこそ、大人が口酸っぱく何度も何度も言い聞かせなければならない。高校時代における一六、一七、一八歳の三年間の頭の中は、学校への不平不満と異性のことしかない。かろうじて理性を保って暴発しないだけで、若いエネルギーはいつでも噴火寸前だ。

佐賀県は、一九九四年に佐賀商業、二〇〇七年に佐賀北が、夏に全国制覇を果たしている。だが、地元から見ると当時の佐賀商業や佐賀北は、断トツの優勝候補で他の追随を許さないような特別なチームではなく、県内でベスト4クラスだったという。だから佐賀県の監督たちは、「次は、俺らも全国制覇できる！」と燃え上がった。このことが佐賀県の底辺を引き上げている力なのだ。ただし、上位層は育っていないのが現状。佐賀県のトップチームは、よそに比べてトップの位置が高いかって言われると、逆に低い。

「佐賀北の百崎《ももざき》先生もよく言われますね。『佐賀県のチームは、上の力がない』。最近はいいピッチャーが目白押しだけど、勝てない。やっぱり力で野球をやって、投げているピッチャーが多くなっているのかなという気がしますよね」

佐賀県というと、古くは権藤博（元・横浜監督）、権藤正利（元・大洋）、渡辺正和（元・ダイエー）、私の世代で言うと、佐賀商業の新谷《しんたに》博（元・西武）、佐賀工業の江口孝義（元・ダイエー）、そして若い世代では濱口遥大《はまぐちはるひろ》（現・DeNA）といった好投手を輩出しているイメージがある。

「理想は、ひとりのピッチャーが先発完投。これが一番、監督としては楽です。でも、先発完投できるピッチャーをいつ休ませるかっていうことが、今の僕らの手腕にかかっていると思います。二枚、三枚いてくれるのが一番ありがたいんですけど、二枚、三枚育てようと思ったらバッターにしてもピッチャーにしても、それに見合うだけの出番を与えないと育たない。じゃあ、その出番っていうのを誰に与えるかをきちんと僕らが見極めきれないと、結局一枚しか育たなかったり、または一枚も育たなかったりします。だからできるだけたくさんのピッチャーに均等にチャンスを与えようなんて思っていると、誰ひとり育たない結果になってしまう可能性もあるということです」

廣重監督に話を聞いている最中、時計の針が19時に近づく。完全下校となる19時30分まで、あと30分しかない。

「18時55分ぐらいになったら練習が終わりますので」

グラウンドに出ている平野コーチに声を掛け、練習を即座にやめさせる。

「片付けて撤収です。足りなかった分のグラウンド整備なんかは、翌日の昼休みにやります。これ、真面目にグラウンド整備から何から、全部完了させようと思ったら30分じゃ帰れないです」

人間社会にはルールがある。一番わかりやすいのは、時間による制約。19時30分に完全下校という佐賀西の規則を守らせるために、廣重監督はグラウンド整備が途中でも時間内に選手たちを門の外へ出す。

佐賀県の進学校の練習時間は二時間と決まっており、佐賀西だけが特別なのではない。練習時間を取るためにズルをしたって、それは教育ではない。目的が正しいと思ったら、嘘をついてもいい、騙してもいいという論法になってくると、手段を選ばずになり、必ず誰かを傷付けてしまう。

「規則は守るということを教えてあげないといけない。やっぱり、頑張って守らないかん。ほんとに長く練習をやりたいと思ったら、ルール自体をぶち破るしかないんですよ。規則を破るんじゃなくて、ルールを変えるしかない。それは大人の役目です」

ルールを遵守することは社会通念として当たり前のこと。ましてや高校球児という成長過程の子どもだからこそ、ルールを守ることを徹底させる。そもそもルールを決めるのは大人たち。現状に不満を持つならば、大人たちがルールについて検討し、変更の余地も視野に入れてあげるのが筋である。

「小城とウチの一番の違いは何かと言ったら、小城は16時半から練習ができました。ウチは17時からです。この30分って大きいんです。陽《ひ》がある間に、ワンメニューが入らないんです。小城は16時半から練習して、17時からひとつのメニューを17時半までできました。でも、佐賀西では17時半までやったら日が暮れます。アップ、キャッチボールで終わります。だから、このワンメニューが入らないのがつらいんですよね。かといって夏なんかは、まだ太陽が燦々《さんさん》と照り注いでいる中で上がらなくてはいけないんですから」

時間の制約の厳しさを目の当たりにした感じである。30分の大切さ。普段の生活の中での30分という単位は、朝の時間を除いてちょっとボケーッとしていたらあっという間に過ぎる感覚。しかし、佐賀西野球部においての30分は、何よりも貴重で大切な時間である。

「これが佐賀県の進学校なんです。だから、佐賀の進学校で甲子園に行ったら、全国のどこよりも胸を張って、進学校が甲子園に来たと言えると僕は思っています」

肉体改造

進学校の取材をして最初に目につくのは、選手たちの身体つき。正直、強豪校と比べるとかなり見劣りする。モヤシとは言わないまでも、細い子が多い。その点、佐賀西の選手たちは、上背こそないものの、強豪校に負けず劣らずガッチリした体格の選手が多い。

「進学校のくせして、ウチは佐賀県で一番図体のでかい学校なんですよ。上背はないんですけど、去年、三年生は二〇人部員がいましたけど、平均75キロあったんです」

バット一〇〇〇回振ったり、トレーナーのもと科学トレーニングを取り入れて、身体をムキムキにさせるだけの練習をする私立があるとするならば、佐賀西は弁当を食べることによって短期間での身体作りを目指している。

「常葉菊川《とこはきくがわ》の昔の監督さんが、午前中しか練習をされなかったそうです。どうしてですか、と聞いたら、『一日練習したら痩せてしまう』。なるほどなと。マラソンじゃないけど、長くのんびり練習をすると痩せますよね。じゃあ短時間で練習を上がらなければならないウチの学校は、でかくなれるんじゃないのかなと思ったんです」

逆転の発想だ。長時間練習すると身体は痩せる。佐賀西は、短時間で練習を終えなければならないのなら、身体は大きくできるのではないかと。

「小城の頃からそうなんですけど、おにぎり二個からスタートしたんですよ。先ほど言ったように一日八時間も勉強していますから、グラウンドに出てくるときは、すでにフラフラ状態になってます」

勉強によって、脳の糖質を全部使いきったような状態で練習に入る。これでは集中力もなにもあったもんじゃない。練習をするためのエネルギーも残ってない状態で練習を始めても、身体はでかくもならないし、上手くもならない。

「トレーナーの先生とは唐津東からの付き合いなんですけど、図体をでかくするための補食はどうすればいいかと聞くと、『やっぱり、米ですよ』と先生は断言するんです。米の中には炭水化物だけではなく、カルシウムも含まれている。そういうことを考えると、米が一番優秀な食事だということで、『じゃあ、おにぎりでいきましょうか』となって、おにぎり二個からスタートしたんですよ。ただ佐賀西に来たら、生徒が真面目なんです。最初はバカかと思いましたけど、弁当箱を持ってきて、二食目をここで食うわけですよ。そしたら、ものすごくでかくなっていったんですよ」

佐賀西は、学食があるため昼飯は学食で食べて、持参した弁当を夕方に食べるという手法で、野球部員は練習前にガンガン食べている。そして、ドンドン身体が大きくなっていったわけだ。

「身体を重くすることによって、末端が動くと僕は思っています」

一瞬、意味がわからなかった。廣重監督はニコニコして、ここぞとばかりに口を開いた。

「バットが900グラムと決まっている以上、自分が重たくなればバットは軽くなるわけで、ボールだって同じです。そう考えると、身体が動く目いっぱいの重さにしてしまえば、道具が軽く扱えるようになるため、必ず技術やスピードも上がるだろうと。ただし、走るスピードに関しては、もうちょっと別の気遣いが必要なんですけど。そう思ってやっています。本当に能力のある子が集まってきているわけじゃないので、ウチの連中なんか決して上手くないですよ。当然、推薦もありませんしね」

佐賀県は新入試になって三年目となり、推薦入試がない。名門佐賀商業であっても推薦入試で選手を採ることができない。県下一の進学校の佐賀西野球部は、本当に勉強をしてきた子だけでやらなければならない。いわば進学校のあるべき姿で、強くなっていくことを見せていかなくてはならないという使命を持っている。

　身体を大きくするといっても、別にパワー野球を標榜《ひょうぼう》するわけではない。

「もし進学校の野球の中で、誰かをモデルケースにしろと言われたら、迷わずに島根県の浜田高校にいらっしゃった新田《しんた》先生を挙げます。私には二人の師匠がいると思っているんですけど、ひとりが亡くなった大分の明豊高校の大悟法《だいごぼう》先生、そしてもうひとりが新田先生です。進学校である浜田高校を、何回も甲子園に連れて行かれている中でよく言われるのが、甲子園に出る最低レベルの条件。それは身体がきちんとできているということ。新田先生にはウチを見るたびに『おまえのとこは、この条件だけは十分に満たしてるな』と言っていただきます。時に力は技を凌駕《りょうが》しますよね。どんなに美しいバッティングフォームでバットを操っても、どんなに器用に打ったとしても、間に合わないボールは打てない。だから、間に合う領域を甲子園レベルにしておかないと、技術や戦術戦略なんて使えないんですよ」

　いくら素晴らしい技量や戦術戦略があっても、それを使いこなせるだけの身体、すなわち土台がなければ、ただの絵に描いた餅である。バットを振って、ボールをある程度飛ばせる力強さ、相手のピッチャーが悠々と投げ込んでこられないような迫力を持たせておかないと、力によって簡単にねじ伏せられてしまう。パワー野球をするのではなく、

7
32
9

パワー野球に負けない受け皿を持っておく。いくら進学校には頭の野球があると大上段にかまえても、パワー野球に対して簡単に白旗を揚げるようでは、頭の野球を発揮する場面はなくなってしまう。

仕事柄、高校野球の名将と呼ばれる監督と話す機会があるが、甲子園を勝ち抜くために一番必要なものはと聞くと、皆同じことを言う。それは何か？

〝スタミナ〟だ。

「そうだと思いますね。佐賀西に来て二年目の二〇一一年の夏、ベスト8で北方悠誠《きたがたゆうじよう》（元・ソフトバンク）のいる唐津商業と対戦し、延長一五回再試合。翌日の再試合で負けましたが、まだ図体がでかくなりきれてない選手がいて、60キロの選手と62、63キロの選手の順番にバテましたよ。優勝もしてないのに五試合させてもらいましたけど、やっぱり三試合目ぐらいから身体が動かなくなるのは体重の少ない子です。グリコーゲンの貯蓄量が少ない子ですよね」

スタミナ切れを痛感させられた夏の大会だった。図体のでかさというのは夏を勝ち抜くために必要な要素だと思い、この年以降、佐賀西は夏の大会で炎天下の試合中、足がつった選手はいないという。

「タンクの量が全然違いますもん。佐賀県でも夏の大会は六試合考えておかなきゃならないです。甲子園だってそうですよね。だから、夏にバテない力が必要。夏になると、やっぱり少し体重落ちますから。トレーナーの先生とも相談しながら、夏の大会を最後まで戦い抜ける身体を作ります。意外とこの点は、普通高校が疎かにしているところだと思いますけどね」

進学校において、永遠のテーマは練習時間の短さ。しかし、練習時間を増やす云々は学校の規則の範疇《はんちゅう》であり、大人たちで規則の改正をすれば物理的には解決できること。ただし、選手たちの身体作りとなると話は違ってくる。

各個人の体質もあり、一概に飯をたらふく食えば誰もが身体を大きくできるものでもない。そこには栄養のバランス、睡眠時間等に関係すると科学的には立証されているが、簡単に言えば、食っちゃ寝さえすれば、大概は太る。でも進学校の選手は勉強があるから、それができない。進学校の選手の身体作りは、指導者にとって練習時間よりも重要な、最大の懸案事項なのかもしれない。

佐賀西を取材して感じたのは、選手たちがまず野球をやりたいがために佐賀西を選んだということ。それも甲子園に行って、大学、プロと上のレベルを見据えての選択だ。もちろん、県下一の進学校という部分で勉学に励むという意識を持っているのは当然だが、それよりも佐賀西で野球をやりたいという意識のほうが強いようだ。佐賀西で甲子園に行き、さらに上のレベルへ行くという高い意識を持って……。

「時々、プロを狙えるレベルの子が出ます。やっぱり、人口が少ないからというのもひとつあると思いますよ。佐賀県の場合、どこに行ったらプロになれるっていうのがないじゃないですか。だから、能力が高くて勉強ができる子はウチに来ますよね。それが大きいんじゃないかなと思います」

他県と比べると、プロに人材を輩出している学校が飛び抜けてあるわけではない。だからなのか、勉強ができて能力がある子は、迷わず佐賀西を選ぶ。

「上のレベルでやってほしいなっていう子には、最初から『おまえ、どこまで野球やりたいんだ？』って聞きます。進学校の能力が高い子は、意外と欲がない子が多い。別に自分はそこまで野球をバリバリやらなくても、勉強ができるから、勉強で良い大学に行けますからっていう子が結構います。だから、その子たちに自分の力を知らしめるっていうのは、すごく大切だし難しいことかなって思います。ウチは今、プロへ行きたいと思っている子が三人いますよ。高校卒業してすぐの可能性があるのはたぶん一人ぐらいだと思いますけど、大学でうまく育ててもらえばプロへの道は十分可能性があると思います」

そのプロを志望しているというのが〝重田ツインズ〟。佐賀県内ではこう呼ばれており、一卵性の双子でプロからも注目のバッテリーである。

兄の慎太郎（現・早稲田大学）はキャッチャーであり、
「プロを目指しています」
凜々しい顔つきで、堂々と言う。
「兄が佐賀西で、甲子園には行けなかったのですが、野球をやっていたのを見て、自分もという感じです」

重田ツインズは、実は四兄弟で、長男の清一（慶應大学―大阪ガス）が二〇一一年、次男の貢二（関西学院大学出身）は二〇一二年と、共に夏の準々決勝延長一五回引き分け、再試合で負けている。兄の叶えられなかった夢を果たすために佐賀西に入った。

弟の準之助（現・神奈川大学）はサウスポーで140キロ超のストレートが魅力の本格派。

「重田四兄弟の末っ子です。プロになりたいですが、なれなかったら政治家になります。今は勉強はしていません。野球に集中しています。甲子園に行きます」

一年生夏からベンチ入りし、とうとう最後の夏。精悍な顔つきから、互いに最終目標をプロと言い、その前に〝甲子園〟に行くと堂々と言い切る度胸と自信。

投打の柱である重田ツインズの活躍次第で、念願の甲子園への切符に手が届くかが決まる。

廣重監督が提唱する、進学校で良い素材の子をプロに行かせる準備とは、大学進学の際に、プロを目指すことができる環境の大学へ行かせること。

「ほんと、自分はプロ野球選手になるもんだと思っているやつが何人もいますからね。『おまえ、西高がどんな学校かわかってるか？』と聞きたくなりますけど。でも、嬉しいですね。勉強もやるけど、野球も本気でやるっていう子がウチを選んで来てくれるのは、すごく嬉しいですね」

野球は誰かのためにやるものではなく、ましてやプロになるためにやるわけでもない。ただ、自分の野球をどこまでまっとうできるかが大事で、それが最終的にプロに行ければというだけの話である。

選手たちに取材をしていると、〝高校野球で終わり〟という言葉が返ってくることがある。単純に、高校で野球をやめるという意味だと思っていたが、そうではなかった。大学野球で活躍できる子、ノンプロに行ける子、プロに行ける子というのは、ごくごく一部の幸せな子であって、ほとんどの子が高校野球の甲子園の舞台が最後と言っていいぐらい高校野球は最高の舞台であり、人生の中で最も光り輝く野球が〝高校野球〟なのだ。〝高校野球で終わり〟という選手たちの言葉は、最高の舞台でする野球は、高校で終わりという意味だったのだ。

「昔、僕も勘違いしていましたけど、すべての子に野球の高みを目指させたいということで、バッターでいうなら三番バッターのバッティングをずっと教えようとしていたんですよ。でも、あるとき気付いたのが、二番や九番ならばこの子たちの個性を十分活かしてあげられるのではないか、ということ。個性を活かさないまま卒業させているんじゃないのかなと思ったんですよね。二番だったら夏の大会までに仕上げることができるような能力を持っていたら、三年間しかない高校野球の時間なのに、時間切れになってしまうだけじゃないのかなと。だから、僕はいろんな意味で時間切れと闘っているような気がしますね」

高校野球は三年間と、一括りでよく言うが、夏の甲子園決勝まで行ったとしても二年五ヵ月、入学したての四月、五月は高校野球に慣れるための準備期間として差っ引くと、最大で二年三ヵ月しかない。確かに、指導者は時間との闘いといっても過言ではない。

「プロはこのような技術を使っていると言ってあげても、それを身に付けることができる子は、ウチにはあんまりいません。そう考えたとき、この子ができる最高のパフォーマンスを、三年の夏に間に合わせられるように我々はやっていかなきゃいけないと思っています。回り道をしている暇はないんです。あるときどうやって打つかではなく、どこに打つかを教えたほうが絶対バッティングは上手くなるなと気付きました。特に左バッターですね。サードの頭の上に打てと教えたら、ヘタクソなりに打ちますよ。アウトコースのボールがあるから、ファーストの頭の上には打てませんけど、インコースでもアウトコースのボールであってもサードの頭の上には打てるじゃないですか。じゃあ、サードの頭の上に打つのに向いた形を身に付けさせればいいんですよ」

プロから注目される三番や四番バッターの打ち方とはやや違うかもしれない。スタンドに入れることはできないかもしれないが、サードの頭の上にヒットを打ち続けることで、その子にとっての高校野球はすごく充実したものになる。

「何年前でしたかね。たまたまバッティング練習のときに、L字のネットの空いた四分の一の空間に打てって言ったんですよ。そしたら大会でヒットを続けて打ちましたよ」

廣重監督は、自戒を込めるように断言した。

その子の器を間違えないように見極めなくてはならない。

自分の経験を押しつけてしまうとアベレージヒッターしか生まれないため、自分の経験論は極力言わないようにしよう。自分の技術や経験だけで子どもたちに野球を伝えてしまうと、プロに行ける才能がある子もプロに行けなくなってしまう。自分の経験論は本当に邪魔なだけ。

「さすがに最初から、高校卒業したらプロに行けるとは思ってないんです。でも、高校野球が終わった段階で、大学で十分通用する選手にしておけば、大学からプロに行ける道が開かれるんじゃないのかなと。そこまでの育て方をしなきゃならないといつも思っていますけどね」

誰もが幼い頃から野球を続けているのだから、できる限り続けてほしいというのは、指導者の願い。上のレベルでできる子がいたら、迷わず上でやらせたいと思うのが、指導者だ。高校野球で完全燃焼させることだけは、野球人としてやってはならない。

「人は、結局望んだ姿にしかならないですからね。だから子どもたちがどんな姿を望むのか、何を望むのかを理解しなくてはならない。大悟法先生の言葉ですけど、『甲子園というのは、何百キロも遠くにあって、そこまで辿り着くのは途方もない夢だと思っているやつがたくさんいる。でも、そうじゃないんだ。甲子園の扉っていうのは、何百キロも先にあるわけではない。毎日の練習次第では、自分たちのすぐ横にある扉にもなる。でも、みんなで力を合わせて毎日押し続けないと開かないぐらい、大きくて重たい扉なんだ。すぐそばにある扉だから毎日努力できるはずだ』と」

遥か彼方にある扉だと思うと、人はくたびれて努力するのをやめてしまう。人は楽なほうへ流されてしまうもの。だからこそ、目的をはっきり持つことが重要なのだ。目的がないから人間は怠惰になる。目的意識さえはっきりしていれば、三年寝太郎でもいつかは起きる。

野球を教える

どっしりとした貫禄のある廣重監督。これぞ高校野球の監督というイメージで、重厚感を漂わせる。そんな廣重監督でも、かつて一度だけ監督を辞めようと思ったことがある。

「強いと思っていたチームを、初戦延長で負けさせてしまったんです。そのときに、スクイズのサインを三回出すチャンスがあったのに出さなかったんです。4対0で勝っていたのを、ピッチャーがあるときガタッと崩れて、押し出しのフォアボールも含めて4対4に追いつかれたんです。それも格下のチームにです。結局、延長で負けてしまった。こちらの攻撃のとき、四番バッターに二回、ピッチャーに一回スクイズのサインを出せば1点入る場面があったのに、一回も出さなかった。ある監督さんから『あれじゃ生徒が可哀相だ』と言われたんです」

そのときの四番バッターはプロ注目の選手だった。一方、ピッチャーはバントさせたらバットを持った指にボールを当て骨折するような選手だった。廣重監督は、仕方ないと思っていた。「これは打たせよう。バントで失敗したら後悔する」。結果、四番は2打席空振り三振、ピッチャーも空振り三振。外野フライ以前にバットに当たらない。

「俺がやっていてもチームは勝てないんじゃないか。自分が監督したいというエゴだけで、子どもたちに負けをプレゼントしているようなもんじゃないか。俺、監督をやっちゃダメなんじゃないか」

自暴自棄になっていたときに、かつて高知商業で教えていた谷脇一夫に言われたことがある。

「今の若い者は、すぐ野球の技術を教えたがるからな」

それを聞いた廣重監督は、礼節をわきまえながら反論する。

「もちろん、人間教育や礼儀、マナー、そんなことも含めて人格形成をしなきゃならないことぐらいわかっています。それ以外で技術の他に何かあるんですか？」

「あなたはセカンドに牽制球を投げるときに、どうやって投げるように教えているの？」

「右ピッチャーですか、左ピッチャーですか？」

「そんなのどうでもいい」

「じゃあ、逆回りの牽制球と普通に後ろに外して回る牽制球です」

「それが技術でしょ」

「他に何があるんですか？」

「あなたはショートがベースに入るときと、セカンドがベースに入るときでは、ピッチャーの投げるべき場所が違うことを知っていますか？」

「はぁ？」

「あなたはショートとかセカンドをやったことがありますか？」

「ないです」

「ショートがベースに入って牽制球をもらうときには、走って行って半分回転して構えるから、完全に静止した状態でボールを待つことになる。だから、ストライクゾーンの低めにボールを投げてあげればタッチしやすい。でも、セカンドがベースに入るときは進行方向と止まるときの身体の向きが一緒だから、急に止まろうとしてもきちんと止まれない。どうしても前に流れながらボールを捕ろうとしてしまうから、低めに投げられるとボールを捕るのに精一杯でタッチにならない。だから、ストライクゾーンのど真ん中に放ってあげたほうがタッチしやすい。あなたは投げ方ばっかり一生懸命教えているみたいだけど、投げる場所を教えてあげたほうがいいんじゃないの。それが野球ってもんでしょ」

　廣重監督にとって、この言葉は涙が出るほどの助言だった。

「その言葉を頂いて『あぁ、俺まだ監督できるんだ。勉強すりゃいいんだ』って思いました。自分の経験はこれ以上増えない。ホームランの打ち方も知らなきゃ、完封するような変化球の投げ方も知らない。でも、どこに投げるかとか、どこに打つかだったら、これから先、勉強すればいくらだって理解することができる。『何だ、俺まだ野球できるじゃん』と思ったのが、谷脇先生の言葉なんですよ」

それ以来、廣重監督の考え方は変わった。

〝技術は教えなくてもいい、野球を教えよう〟。もちろん、技術も教えているが、ベースとなるのは野球を教えることである。

廣重監督は「野球は筋書きのあるドラマ」だと思っている。バッターボックスのどの辺に立っているバッターにどういうボールを投げたら、打ったボールはどこに行くというのが大体決まっている。

「僕は、ピッチャーにボールの高さをあまり求めないんです。でも、縦のラインだけは崩さないでくれと言う。セカンドの頭の上を飛んでいく打球も、セカンドの正面に飛んでくるゴロも、定位置にセカンドがいるからこそ。でも、セカンドに飛んでくるはずのボールが、インコースに投げてしまったばかりに、レフトに飛んだら守りようがない。そういうことをずっと子どもたちに言い続けています。だから、我慢して、しっかりそこに投げ続けてくれる子が必要なんです。極端な例で言うなら、ツーアウトランナー二塁。ウチ、ライトに肩の強い子を置きますから。右バッターだったら外にしか投げないんですよ。そうするとワンヒットでは還ってこれない。ライトを比較的浅くして、外だけという形にする。セカンドは一、二塁間に寄ればいいんでしょうけど、センター前が怖いから、センター前に寄る。でも、そこでインコース気味の球を投げて引っ張られたら、もう守っているやつらは、バカらしくてやってられないんですよ」

準備さえきちんとできれば進学校だって戦えるのだが、結局準備不足で負けてしまう。準備不足というのは、達成できなかったことや、仕上げ切れなかったことが一番の要因である。結局、負けるというのは人的失敗が必ず絡んでくる。〝力負け〟という言葉がある。どこかで自分たちが相手の力を引き出すようなミスをしているにすぎない。いろいろデータを集めて準備することが重要ではあるが、要はそのデータを理解しようとする心であったり、完璧を目指そうとする心が一番大切なのだ。

甲子園の意義

廣重監督は、二〇〇七年小城高校の監督として、センバツに出場している。

「センバツに行ったときに、追っかけの女の子が来るじゃないですか。その追っかけの女の子たちが選手に手紙を持ってきて渡すんですよ。甲子園練習の終わりに、渡されるみたいなんです。選手全員がバスに乗りこんだ途端に、『おい！　今通路で手紙貰ったやつ、全部出せ。ひとつ約束しないか。おまえら、封を切らずに俺に渡せ。そして俺は封を切らずに大会が終わったら返す。何でかわかるか？　例えば、いついつの何時に会いましょうとか、来てくださいと書いてあったとする。でも、おまえたちは宿舎から出られないよな。出たら俺から怒られる。だから、気になってしょうがないし、知ってしまった以上、約束を破った気持ちになってしまう可能性がある。勝手に約束した気になり、お願いされたのに行かなかったとなってしまうかもしれない。それって心苦しいだろ。でも、監督が取り上げてしまったなら、おまえたちに罪はない。そして、何かあったら、監督が取り上げたと言ってくれればいいから』と言ったら、選手たちは大笑いしながら手紙を全部持ってきました」

甲子園期間中、選手たちは普段とまったく違った環境に身を置くことになる。ましてや、野球人にとっての聖地甲子園ともなれば、舞い上がるのは当たり前で、高校生ならなおさらだ。そんな選手たちを勘違いさせないように、きちんと管理するのも指導者の大切な務め。

「僕、あいつらに感謝しているんですよ。甲子園に連れて行ってもらって、一緒に楽しませてくれた。変な話ですけど、甲子園期間中、こっちもちゃんと気を遣ってあげないといけないと思いました。彼らを悪人にしないようにしなきゃいけないんです」

高校生だからといって、完全な子ども扱いをしてはいけない。彼らは大人への成長段階、それなりに気を遣うことも、ときに必要。だからといって、甘い顔を見せるとすぐつけあがるのが高校生。そこの線引きが難しい。

「不思議なもので、僕は選手として行けなかったことに残念な気持ちはあんまりないんです。だって、そこは力不足で自分たちのせいですから。でも、監督のせいでだけは負けさせたくないです。だから、予選で一試合勝つたびにホッとしました。負けると罪の意識を感じます。彼らに甲子園へ連れていってもらい、ものすごく嬉しかったし、ありがたかったです。初戦1対9で負けました。相手は帝京でしたが、一方的に終わりましたね。でも、終わった途端に何を考えたか。ゲームセットって聞いた途端に何を考えたか。『1秒でも早く、もういっぺんここに来たい』と。本当に秒単位で、1秒でも早くもう一度この場所に立ちたいと思いました。これは、本当に不思議な感覚でした。負けた途端に次のことを考えていました」

他の高校の監督も同じことを言う。センバツで負けたら次の夏に来るためにはどうしたらいいか、夏に負けたら来春に来るためには何が必要か。甲子園に来たから満足なのではなく、また甲子園に来るためにはどうしたらいいか、絶えず先のことを考えていく。絶対的な勝利者なんてどこにもいないのだ。

「甲子園は本当に不思議なところですよね。僕がわからなかったのは、甲子園で優勝した人は次にどんなモチベーションを持つんだろう、ということ。それ以上の高校野球の結果ってないじゃないですか。だから、甲子園で優勝したら、次のモチベーションって何だろうと、ずっと疑問に思ってたんです。でも、自分が甲子園に出してもらって、優勝しても次の優勝を狙うっていうことなんだとわかりました」

廣重監督の顔を見ると、自信に満ちた表情でこちらを窺っている。「何か話したいことがあるんじゃないのか」と、まるでこちらの心を見透かしたような目で優しく包み込む感じだ。

意を決して話してみることにした。

「高校野球の取材をしていて、ずっと払拭できないことがあります。甲子園に関していうと、〝甲子園は行ったものしかわからない〟という言葉をよく聞きます。そう言われてしまうと、何も返す言葉がなく、書き手として絶対埋められないもので……」

珍しく弱気な自分を曝け出した。基本、取材対象者には自分の心の内は明かさない。でもなぜか、大仏のような廣重監督の存在を目の当たりにして、自分のコンプレックスを見透かされている気がして、つい口を開いてしまった。

「それはですね、甲子園の本を書いている人にしかわからない世界がいっぱいあると思います。僕は、たまたま甲子園のある部分っていうのを教えてもらいました。でも、それがすべてじゃないですから。ある部分でしかない。そして、僕の知らないある部分を松永さんはご存じかもしれない。フィールドには立てないかもしれませんけど、僕が入れない世界を松永さんはご存じかもしれません。僕も初戦で負ける世界を先に知りました。だから松永さんが知っている世界で、僕らが知らない世界はいっぱいありますよ。フィールドに立ったっていうのも、選手で立ったことのある人もいれば監督で立った人もいる。幸いにして僕らはフィールドから見たスタンドの景色は知っています。でも、スタンドのある部分から選手を眺めたことはありません。僕はその部分に有利不利とかないと思いますよ。人それぞれ、見る角度が違えば見える世界も違うと思うから。松永さんが立っている位置から見える世界を、その位置に立てない人たちに伝えてあげればいいんじゃないかなって思いますけどね」

目から鱗《うろこ》が落ちる思いだった。

甲子園に出てないから甲子園のことを書けない。短絡的な思考だった。宇宙に行ったことがない人は宇宙が舞台のＳＦ映画を作れないと言うのと同じ発想だ。人とは違う視点で書くから需要があるということを忘れていた。バカもほどほどにしないと、本当にまずい。

「甲子園はいいもんです。僕が甲子園に行きたいのは、甲子園の素晴らしさをみんなで分け合いたいだけじゃなく、ウチの連中を褒めてもらいたいからなんですよ。一生懸命勉強も運動もやっている彼らを褒めてもらえるのは、勝ったときだけなんですよね。勝たないと褒めてくれないんですよ」

選手たちがどれだけ努力してるかわかっていたとしても、心から手を叩いてもらえるのはやっぱり一番になったとき。「ウチの連中、すごいでしょ」「こいつら偉いでしょ」ということをわかってもらうためには、選手たちを勝たせてやらないといけない。これはどの高校の監督も同じ思いだ。

「進学校に行っている人間でも、手は二本しかない。一本は鉛筆を握る。もう片方はボールを握る。これしかできないんですよ。三つも四つも手はないです。だからせいぜい二つしか握れない。それが野球であり、勉強でありっていうことじゃないのかなって思いますね。二つの手で小さいものはたくさん握れるかもしれないが、一個一個は大きくないですよね。大きいものを握ろうと思ったら二つしか握れない。でも、だからこそ、すごく光り輝くダイヤモンドが摑めるんじゃないかなって思いますけどね」

二本しかない手でしっかり摑めるものは二個しかないが、その二個のうちひとつは、一生誇れて輝くものを高校時代に摑めるかもしれない。摑む数ではなく、何を摑むかだ。

第7限　文庫版あとがき

「いや〜ＭＡＲＣＨとかは正直キツいっしょ」

「学年の下のほうは、ＭＡＲＣＨとかですかね」

文武両道の高校生に取材をしていると度々「ＭＡＲＣＨ」という単語が出てきた。はじめは、ロッテの『コアラのマーチ』か、日産マーチのことかと思ったがどうも文脈が合わない。どうやら「明治・青山・立教・中央・法政」の頭文字を取ったものだと後で知った。彼らはＭＡＲＣＨが云々かんぬんとしょっぱい話をチンタラしていたが、おじさんの僕にとっては『コアラのマーチ』のほうがよっぽど甘いし、日産マーチもよく走る。

とにかく偏差値70以上の学生にとって大学は超難関国立か、最悪でも早慶。どうやったらそんな思考になれるのか……、偏差値50のおじさんには皆目見当がつかない。

いろいろな世界がある中、優秀な人間だけが集まる〝学校〟という小さなコミュニティーの中で少年期、青年期を過ごせば、周りの環境に感化されるのは当たり前だ。高い知能を持ち、人間性に富んだ者が中枢で活躍することでヒエラルキーが形成されていくことになんら不可思議なことはない。

東大を狙うような球児たちに取材をして感じたのは、皆明確な目標を持ち自立心が旺盛なことだ。これは彼らのパーソナルの部分はもちろん大きいが、やはり親の姿勢、学校の環境、友人が三位一体となってその本人に対し刺激を与えていると感じた。つまり恵まれた環境で上記の条件がすべて揃うことが必須であり、名門進学校だからといって、誰でも彼もが本気で甲子園と東大を目指す球児になり得るわけではないということだ。なり得る者は天才に近い人間かもしれないが、だからといってその他が凡庸な人間だとは思わない。

いくら周りの環境に恵まれていなくても、秘めた才能は誰にでも眠っていると思っている。天才のインスピレーションは芸術家に通じるところがあり、物事の論理を直感的に理解する能力を目の前で見せつけられたとしても、早々に自分の才能に見切りをつけることはない。自分のやり方で地道にやり続けることのほうがどれほど尊く高潔なことか。

文明が繁栄するのは、異端として忌み嫌われたものが正統へと認知されたときだ。この世はすべてループであり、正統が異端を生み出し、異端が次世代の正統へと移り変わっていく。時に異才は天才を凌駕する。だから、他と変わったことをやるのは恐るるに足らずだ。

偏差値70以上の名門進学校の教育方針は、自ら決めた方向に向かって歩む力を養い、生徒の主体性を尊重する。どの学校を見ても、その部分は一貫して変わらない。それが伝統に繋がる。


僕がいた高校は、進学率を上げるために早稲田慶應を狙うよりも国立を推奨した。旧帝大を狙わせるのではなく、言ってしまえば早稲田慶應に行くよりも北見工大や琉球大といった国立の駅弁大学に合格させることで国立の進学率をただただ上げる。さらにクラス単位で国立に何人入れたかという担任査定というものがあり、安全圏でない限りワンランク、ツーランク下の大学を勧めるというアンポンタンのような進路指導を掲げていた。だから伝統も何もあったもんじゃない。吐いた唾を飲みまくりだ。生徒の自主性もクソもなく、てめえら教師のメンツのためだけの進学指導。だから爆弾を作って粉々にしてやろうと本気で考えた。でも、バカだったから作れず、夜中に爆竹を仕掛けて終わった。もし頭が良かったら、今頃ボンバーマンとしてまったく別の人生を歩んでいただろう。

サラリーマン化した先生ばかりを見て、世を儚《はかな》んでいた頃、三年のクラス担任になった藤井清彦先生に出会った。初老かと思ったらまだ四十路前だった。そして、初めてのホームルームのときだ。

「今おまえたちは何が正しくて何が間違っているのか悩んでいるかもしれない。でも、おまえたちが感じていることは必ず合っているから。その気持ちを大事にしなさい」

目から鱗が落ちる思いだった。問題児だった僕の発言はいつも否定され続けていたのに、藤井先生は認めてくれたと思い、僕は嬉しくなって、

「先生、わかりました」

立ち上がって言うと、

「う、うん、おまえはまだわかってないから」

と窮した顔で答えられ、僕は呆然とした。

それでも先生の言葉は胸に突き刺さった。

そして、三年秋口の進路における三者面談のとき、藤井先生は母親に向かってこう言った。

「彼はここにいてはダメです。外に出しなさい」

僕が母の隣でどうやって世界征服してやろうかを妄想しているときに、先生の切々とした声が耳に入った。とっさに先生の顔を見ると、いつになく真剣な眼差しで僕の眼をじっと見ている。やべ、世界征服計画がバレたと感じたのと同時に、そういえば母ちゃんと先生がやけに親しげに話していたなあと思い、「こいつらデキてやがるな」と心底

疑ってやった。

世界征服は半分諦めたが、あのときの先生の言葉と眼差しは齢五〇手前になってやっとわかるような気がする。

つらつらと自分のことを書いてしまったが、いったい何が言いたかったかというと、僕のようなトンチキはほうっておくとして、一八歳の感性は大人には想像できないほど幻想的で、時には突飛だが魅惑的な世界観があるということだ。特に文武両道の子たちは、理知的でバランス感覚が養われているから、ヘタな大人よりもよっぽど現実的な未来を描いている。彼らは、自分が描いた未来予想図から逆算し、高校では何をやったらいいのかがはっきりわかっている。だからすごい。

ここまであまりにとっ散らかってて読んでくれた方もワケがわかんなかったであろう。やはり偏差値50の人間が偏差値70の人間のことを評するには限界がある。考えすぎて知恵熱が出てしまった。無理はいけない。人間、身の丈に合ったことをやらないといけない。

簡単にまとめると、甲子園も狙えて東大をも狙える子たちは、ある種特殊な条件下で育ってきた子がほとんどだ。それを特別というのかもしれないが、だからといって彼らが絶対的な天才というわけではない。人間には必ず才能が宿っており、それを見つけ出すのは環境であったり、親の影響であったりと千差万別だ。ごく一部の人間の才能を見せつけられたからといって、諦める必要はまったくない。異才は天才を上回り、文明さえも作るのだから。

そして今更なんだが、文武両道の選手たちの取材を通じてあらためてわかったことがある。

偏差値70以上の文武両道の名門進学校においても、偏差値と血糖値の違いがわからないボンクラ高校においても普遍的なものがひとつだけある。それは、〝友〟だ。頭が超良かろうがクルクルパーだろうが、高校時代に得た友だちは時に自分を大きく変えてくれたり、年を経れば酸いも甘いも嚙み分けたオアシス的な存在になったりする。共有できる友がいるだけで、その人の人生はとてつもなく豊かになるものだ。

こんなポンコツでチョンチョコリンのような僕にも大事な友がいる。

伊藤道尚をはじめに、田中健志、村橋政彦、星野広規、西村哲也、花木保成、長見勝弘、山本信裕、後藤秀樹・美記夫妻、山田誠志、宗宮光輝、馬場祐治、揖斐弘光、桐山卓也、谷川良謙、松永武久、宮川（児玉）環、伊藤隆、角本（三輪）明子、萩原裕也、そして文筆家島田文昭、琉球放送アナウンサー田久保諭、漫画編集者佐藤裕二、ジュンク堂書店那覇店店長森本浩平、集英社文庫担当編集田島悠……、彼らがいるから道を外さずに生きていける。

変わらないものがあるから変わり続ける。
文武両道の子たちは、それをきちんと知っている。

二〇一八年六月

松永多佳倫

解説

田原総一朗

私にとって、野球とは、そして甲子園大会とは〝平和〟の象徴なのである。

小学校五年生の夏休みに、昭和天皇の〝玉音放送〟を聞いた。太平洋戦争が、〝敗戦〟というかたちで終わったのである。

軍部は、本土決戦ということを力説していて、八月には米軍が本土に上陸し、私が住んでいた滋賀県には一〇月ぐらいに攻め入って来て、いずれにしても生命を亡くすことになるのだと覚悟していた。だが終戦で、死ななくて済んだのである。降伏というかたちではあるが、平和になったのである。

そして、全国的に、はじまったのが野球であった。

彦根市にあった二つの旧制中学に野球部が設けられて、年が代わると対抗試合も開始された。甲子園大会が復活したのが一九四六年である。まさに平和の象徴であった。

私たちも野球をはじめた。山で木を切ってきてバットをつくり、母親に布でグローブをつくって貰《もら》い、ボールも、石を芯にして紐でぐるぐる巻きにしてから布で覆ったのである。

もっとも、一年後には、どれも本物になった。

中学では野球部に入った。そして高校でも野球部に入ったのだが、ここで、能力のある、なしを嫌というほど感じさせられたのである。足は遅い、肩は弱い、そして何よりも運動神経が鈍い。勉強というのは、予習、復習をそれなりにやっていれば、人並みには出来る。だが、野球では、はっきりと能力の格差が出る。私は、レギュラーにはなれないと断念せざるを得なかった。

このときから、野球選手には強い劣等感を抱いているのである。

その意味でも、『偏差値70からの甲子園』は興味深かった。それに、私が補欠選手として所属していたのは、この書で取り上げられている彦根東高等学校であった。

典型的な進学校で、しかも甲子園に出場している、または出場まであと一歩の高等学校をターゲットにした本書の狙いは面白い。

いずれも、東大、京大などへの進学と甲子園出場の両方を頑張っているのである。いわば無理を承知で頑張っているわけだ。〝二兎を追う者は一兎をも得ず〟という諺《ことわざ》があるが、あえて〝二兎〟を追っているわけだ。著者は、単行本の「はじめに」で「普通の神経ではあり得ないことだ」と書いている。

第1限が、**愛媛県立松山東高等学校**だ。

松山東高校は、正岡子規や、司馬遼太郎の『坂の上の雲』の主人公である元海軍中将の秋山真之、そしてノーベル文学賞を受賞した大江健三郎たちが卒業していて、夏目漱石が教壇に立った学校でもある。もちろん愛媛県で最も偏差値の高い高校だが、二〇一五年のセンバツ甲子園大会には八二年ぶりに出場して、しかも一回戦で、優勝候補だった二松学舎大付を五対四で破っているのだ。二回戦では、準優勝の東海大四に二対三で惜敗しているが、大きな話題をまき起こした。

その松山東高のグラウンドは、取材に訪れた著者が驚くほど狭かった。他の部活動と共用のために、グラウンドの四分の一しか使えないのだという。

そして松山東高が、なぜ甲子園に出場して、しかも一勝できたのか。著者は、堀内準一監督に、「何か特別の練習をやっているのか」と執拗《しつよう》に問うているが、特別の練習はやっていないようだ。

著者は、結局、甲子園の感想を監督に問うことにした。

「もう野球をずっと続けてきたから甲子園は憧れでもあったし、あそこに行きたいっていう場所でしたね。甲子園球場を見て感動したっていうよりは、今までの自分の積み重ねであったり、チームの積み重ねであったり、いろんな人の協力であったり、いろいろな思いが去来してやっとこの場所まで来られたなっていう気持ちのほうが強かったですね」

　野球をやる者にとって最初に目指す大きな目標が甲子園であって、堀内監督は、〝子どもたちが緊張して地に足がつかないような感じになるのではないか〟と心配していたが、選手たちは、緊張するよりも楽しみたいという気持ちの方が強かったようだ。著者は〝現代っ子なんだな〟と感じたようだ。

　そして堀内監督は、〝どんなに時間がかかっても選手たちが自分たち自身で考え、納得する。つまり自主性を大事にする〟と強調した。

「選手の自主性に任せて試合運びができることが理想です。今の学校教育の概念にも通じてます。自ら考えることができて、自ら問題解決ができる教育理念と同じだと思うんです。そういう面から言うと、多分ウチの選手は愛媛ではナンバーワンだと思います」

　堀内監督は、自信をもっていった。

熊本県立済々黌高等学校
　県内最古の歴史を誇る進学校で、ＯＢには政治学者の姜尚中、元広島監督の古葉竹識など、政界、学界、財界と幅広い分野で優秀な人材を輩出している。
　ところで、著者が電話で取材を頼むと、「別に特別な練習をしているわけではないので、取材に来てもどうですかね……」といわれた。

他の高校では、どこも好意的に承諾してくれたので、意外だったようだ。あらためて、謙虚に頼むと承諾してくれた。

九州で初めて甲子園で優勝しており、過去一一回出場している。そして二〇一二年夏、二〇一三年春に二回連続で甲子園に出場している。

いざ、取材してみると、ざっくばらんで、自由で何でも問えた。

監督の池田満頼は、今回取り上げた高校の中で、唯一の教員でない外部監督であった。

前の監督の時代は、完全な放任主義で、池田は当初は、何とかしてチームを掌握しようと管理の方に向かったのだが、選手との信頼関係が大事だとわかって、練習メニューなども選手たち自身に考えさせることにした。

ひとつには、選手たちを自立させたいと考えたからだ。

平成になって、核家族が普通になり、二人っ子、ひとりっ子が珍しくなくなり、両親が子どもに過保護になっている。

だから、池田は、選手たちを親から離し、ひとり立ちさせなければならない、と考えたのである。

池田は選手たちに、なんにおいてもそうなのだが、人のせいにするのが一番最低な行為だ、と口ぐせのようにいっている。

滋賀県立彦根東高等学校

くり返しになるが、私はこの高校の野球部に所属していた。そして私たちの頃までは、甲子園に出場するためには、京滋大会といって、滋賀県の優勝校と京都府の優勝校が対戦して、そこで勝たなければならなかった。それに京都勢は圧倒的に強いので、滋賀県勢は一度も甲子園に出られたことがなかった。しかも、彦根東高は滋賀県の中でも強くはなく、甲子園は、いってみれば、夢のまた夢で、全くリアリティがなかった。ところが、一九七八年から、滋賀県代表が甲子園に出場できることになり、何と二〇一三年夏には甲子園に出場し、二〇一七年夏、そして二〇一八年のセンバツでも出場して、慶應高校を破っている。

著者は、取材の感想を次のように書いている。

「一塁側ベンチから練習風景を見させてもらったが、他の5校とはまったく違う雰囲気を感じた。甲子園を本気で狙う練習というと語弊があるかもしれないが、甲子園常連校の練習と同じ空気に感じた。

今回、取り上げた他の5校も当然、本気で甲子園を狙っていることには変わりないが、それとは違う緊迫した空気感。甲子園を狙い、さらに上を目指す、監督と選手が一体になって遥かなる高みを目指している、そんな気がした」

この感想を読んで、とても彦根東高のこととは思えなかった。私が覚えている野球部とはかけ離れていた。

甲子園出場が選手たちを大きく変えるのだ、と強く感じた。

もう一つ、現在では、身体をつくるためにほとんどの高校が〝補食〟を推奨しているようだが、彦根東高は、補食ではなく、〝部活食〟を練習後、選手全員に食べさせているのだという。立命館大学の海老久美子氏がプロデュースしたご飯を食べさせているというのだ。

「夏前の身体作りは、五月頃から始めないといけない。きっちり食べておかないと、夏前に絶対に食べられない時期がくる。選手たちには、食えなくなる時期があるということを告げており、体重を減らさないためにもその時期をどう乗り切るかということを意識付けさせる。食えているやつはやっぱり元気であり、いくら逆転されても何をされても余裕が出てくる」のだというのである。

愛知県立時習館高等学校

時習館は、これまで甲子園に春二度、夏一度出場しているが、一九五三年にセンバツで八強となったのを最後に、甲子園には出場していない。

ただし進学校としては、二〇一五年の東大合格者数は現役浪人合わせて一〇人で、東大野球部にも毎年のように入っている。これは六校の中でも、時習館だけである。

林哲也監督が次のように語っている。

「入学したての頃に、部活と勉強との兼ね合いに悩んでしまう子はたびたびいますが、入った子は大体続けますね。ほとんど辞めはしないですね。大変ながらも続けてやってます」

著者は、「今回取材した6校の中で、文武の〝文〟において一番厳しいと私は感じた。とにかく毎日の課題の量が多く、課題をやらないと授業についていけない。それに赤点を取ると、追試を受けることになる。野球部だからといって特別扱いはない」と書いている。

愛知県の高校野球界には、中京大中京、享栄、愛工大名電、東邦の〝私学四強〟が大きく立ちはだかっている。

「もちろん、監督、選手たちも現状はわかっている。しかし、自分たちが続けてきた三年間の部活と勉強の両立という努力は卒業してしまったら消えるというものではない。それぞれの積み重ねは後輩たちの礎となっているから、毎年のように東大野球部員を生んで聖地神宮にも立つことができる。『夏は甲子園に行きます』と夢物語としてではなく、普通の感覚として言いたいのかもしれない」

著者は、最後に、こうもいっている。

青森県立青森高等学校

青森高校といえば、太宰治や寺山修司などの名前が思い浮かぶ。自由でスケールの大きな作家の母校である。

ただし、青森といえば、どうしても雪の深さ、そして冬の長さをイメージし、野球のようなスポーツには結びつきにくい。

だが、青森高校は、過去甲子園に四回出場しているのである。もっとも最後に甲子園に行ったのは一九六〇年だが、二〇一四年の夏は県予選で決勝まで行っている。

それに、青森高校は、立派な室内練習場が完備されている。

「内野のノックなら十二分にできる広さだ。逆に東北以外の公立校にはほとんどといっていいほど室内練習場は完備されていない。雨や雪が降ったら、もうお手上げ状態だ。ある高校の監督は、『東北と比べてもどっちが環境的に厳しいかわからないですよ』と言っていた。確かに同感である」

と著者は書いている。

その青森高校の小川伸悦校長の、次のような主張が興味深い。

「自分の人生を豊かにするためにスポーツをやるのであって、基本的にスポーツを飯の種にするという考えがありません。スポーツと勉強を両立させることに意味がある。それがなかったら青森高校ではない。ある環境でどれだけ頑張れるかです。野球が一番学校を盛り上げるということは正直あります」

それに対して里村輝監督は、次のように強調する。

「現役当時は、あんまり甲子園という意識はなかったんですよね。今は優勝したいっていう気持ちがすごく強い。青森県の頂点に立ちたいという気持ちがすごく強いです。甲子園に出るためっていうよりも、ともかく青森高校を青森県のナンバーワンにしたい」

「二〇年前までは青森といえば野球弱小県であり、抽選会で当たれば相手校からガッツポーズされる感じだったのが、八戸学院光星の躍進で弱小県のレッテルはなくなった」という。

「県外からの〝外人部隊〟とかいろんな言い方をされているけど、私は全然関係ないと思います。我々は勉強もやって野球もやって、それで勝ちたい」

里村監督は、そういい切った。

佐賀県立佐賀西高等学校

一九四九年に発足した佐賀高等学校が、六三年に、佐賀北、佐賀東、佐賀西の三校に分離された。そして、二〇〇七年の夏の甲子園で佐賀北が全国優勝し、佐賀東は甲子園に二度出場しているのだが、佐賀西だけは甲子園に行っていない。実は県内一の進学校ではあるのだが……。

その佐賀西の選手たちは、進学校にはめずらしいガッチリした体格をしているようだ。

「進学校のくせして、ウチは佐賀県で一番図体のでかい学校なんですよ。上背はないんですけど、去年、三年生は二〇人部員がいましたけど、平均75キロあったんです」

廣重昭博監督がいった。

私学は長時間の練習をさせて、選手の身体を鍛えるのだが、進学校で練習時間が短くしか取れない佐賀西は、選手に食事を多く取らせて身体作りをするのだというのである。身体作りに必要なのは〝米〟で、昼飯は学食で食べて、夕方に持参した弁当を食べるのだという。

「バットが900グラムと決まっている以上、自分が重たくなればバットは軽くなるわけで、ボールだって同じです。そう考えると、身体が動く目いっぱいの重さにしてしまえば、道具が軽く扱えるようになるため、必ず技術やスピードも上がるだろうと」と、廣重監督は強調した。

著者も、「いくら素晴らしい技量や戦術戦略があっても、それを使いこなせるだけの身体、すなわち土台がなければ、ただの絵に描いた餅である。バットを振って、ボールをある程度飛ばせる力強さ、相手のピッチャーが悠々と投げ込んでこられないような迫力を持たせておかないと、力によって簡単にねじ伏せられてしまう。（略）いくら進学校には頭の野球があると大上段にかまえても、パワー野球に対して簡単に白旗を揚げるようでは、頭の野球を発揮する場面はなくなってしまう」と、述べている。

そして、次のように書いている。

「佐賀西を取材して感じたのは、選手たちがまず野球をやりたいがために佐賀西を選んだということ。それも甲子園に行って、大学、プロと上のレベルを見据えての選択だ。もちろん、県下一の進学校という部分で勉学に励むという意識を持っているのは当然だが、それよりも佐賀西で野球をやりたいという意識のほうが強いようだ」

なぜ、甲子園に一度も出場したことがない佐賀西を、野球をやりたい生徒たちが選ぶのか。佐賀西が、県大会では甲子園出場ギリギリの熱戦を展開していること、そして選手たちの自主性を重んじていることが共感を呼んでいるのであろう。

それにしても、私学の強豪校は、県外から優れた人材をスカウトし、出来るかぎりのエネルギーを練習に注がせているが、県立の進学校は県内の、しかもその高校を選んだ生徒たちで勝負しなければならず、それに勉強が大事なので、練習時間が短くなる。そのうえで、私学の強豪校に挑戦するのは〝無理〟なはずだが、ここで取り上げられた六校は、それを前向きに、選手たちの意欲をかきたててくれる要因だと捉えて、チャレンジしつづけている。

選手たちの自主性を大事にしながらである。

（たはら・そういちろう　ジャーナリスト）

本文中に登場する人物や団体の名称・肩書き等は原則として執筆当時のものです。

本書は、二〇一五年八月、書き下ろし単行本として竹書房より刊行されたものに、加筆・修正しました。

松永多佳倫の本

沖縄を変えた男

栽弘義——高校野球に捧げた生涯

沖縄水産高校を率い、夏の甲子園で2年連続準優勝を果たした、一切の妥協を許さぬ伝説の名将・栽弘義。成功の裏に隠された命を削るほどの重圧と孤独に迫るノンフィクション。

槇村さとる キム・ミョンガン	あなた、今、幸せ？
槇村さとる	ふたり歩きの設計図
万城目学	ザ・万遊記
万城目学	偉大なる、しゅららぼん
益田ミリ	言えないコトバ
益田ミリ	夜空の下で
益田ミリ	泣き虫チエ子さん 愛情編
益田ミリ	泣き虫チエ子さん 旅情編
枡野浩一	ショートソング
枡野浩一	石川くん
枡野浩一	淋しいのはお前だけじゃな
枡野浩一	僕は運動おんち
町山智浩	アメリカは今日もステロイドを打つ USAスポーツ狂騒曲
町山智浩	トラウマ映画館
町山智浩	トラウマ恋愛映画入門
松井今朝子	非道、行ずべからず
松井今朝子	家、家にあらず
松井今朝子	道絶えずば、また
松井今朝子	壺中の回廊
松井今朝子	師父の遺言
松浦弥太郎	本業失格
松浦弥太郎	くちぶえサンドイッチ 松浦弥太郎随筆集
松浦弥太郎	最低で最高の本屋
松浦弥太郎	場所はいつも旅先だった
松浦弥太郎	いつもの毎日。衣食住と仕事
松浦弥太郎	日々の100
松浦弥太郎	松浦弥太郎の新しいお金術
松浦弥太郎	続・日々の100
松浦弥太郎	おいしいおにぎりが作れるならば。「暮しの手帖」での日々を綴ったエッセイ集
フレディ松川	老後の大盲点
フレディ松川	ここまでわかった ボケる人ボケない人
フレディ松川	好きなものを食べて長生きできる 長寿の新栄養学
フレディ松川	60歳でボケる人 80歳でボケない人
フレディ松川	はっきり見えたボケの入口ボケの出口
フレディ松川	わが子の才能を伸ばす親つぶす親
フレディ松川	不安を晴らす3つの処方箋 認知症外来の午後
松樹剛史	ジョッキー
松樹剛史	スポーツドクター
松樹剛史	GO-ONE
松樹剛史	エアエイジ
松澤くれは	りさ子のガチ恋♡俳優沼
松永多佳倫	沖縄を変えた男 栽弘義――高校野球に捧げた生涯
松永多佳倫	偏差値70からの甲子園 僕たちは野球も学業も頂点を目指す
松永天馬	少女か小説か
松本侑子	花の寝床
モンゴメリ 松本侑子・訳	赤毛のアン
モンゴメリ 松本侑子・訳	アンの青春
モンゴメリ 松本侑子・訳	アンの愛情

集英社文庫　目録（日本文学）

丸谷才一　星のあひびき
丸谷才一　別れの挨拶
麻耶雄嵩　メルカトルと美袋《みなぎ》のための殺人
麻耶雄嵩　貴族探偵
麻耶雄嵩　あいにくの雨で
麻耶雄嵩　貴族探偵対女探偵
眉村卓　僕と妻の1778話
まんしゅうきつこ　まんしゅう家の憂鬱
三浦綾子　裁きの家
三浦綾子　残像
三浦綾子　石の森
三浦綾子　ちいろば先生物語(上)(下)
三浦綾子　明日のあなたへ 愛するとは許すこと
みうらじゅん　とんまつりJAPAN 日本全国とんまな祭りガイド
みうらじゅん 宮藤官九郎　どうして人はキスをしたくなるんだろう？
三浦しをん　光

三浦英之　五色の虹 満州建国大学卒業生たちの戦後
三木卓　柴笛と地図
三崎亜記　となり町戦争
三崎亜記　バスジャック
三崎亜記　失われた町
三崎亜記　鼓笛隊の襲来
三崎亜記　廃墟建築士
三崎亜記　逆回りのお散歩
三崎亜記　手のひらの幻獣
水上勉　故郷
水上勉　働くことと生きること
水谷竹秀　日本を捨てた男たち フィリピンに生きる「困窮邦人」
水野宗徳　さよなら、アルマ 戦場に送られた犬の物語
未須本有生　ファースト・エンジン
水森サトリ　でかい月だな
三田誠広　いちご同盟

三田誠広　春のソナタ
三田誠広　永遠の放課後
道尾秀介　光媒の花
道尾秀介　鏡の花
美奈川護　ギンカムロ
美奈川護　弾丸スタントヒーローズ
湊かなえ　白ゆき姫殺人事件
湊かなえ　ユートピア
宮尾登美子　影絵
宮尾登美子　朱夏(上)(下)
宮尾登美子　天涯の花
宮尾登美子　岩伍覚え書
宮木あや子　雨の塔
宮木あや子　太陽の庭
宮城谷昌光　青雲はるかに(上)(下)
宮子あずさ　看護婦だからできること

集英社文庫　目録（日本文学）

宮子あずさ　看護婦だからできることII
宮子あずさ　老親《ろうしん》の看《み》かた、私の老い方
宮子あずさ　ナースな言葉　こっそり教える看護の極意
宮子あずさ　ナース主義！
宮子あずさ　卵の腕まくり　看護婦だからできることIII
宮沢賢治　銀河鉄道の夜
宮沢賢治　注文の多い料理店
宮下奈都　太陽のパスタ、豆のスープ
宮下奈都　窓の向こうのガーシュウィン
宮田珠己　ジェットコースターにもほどがある
宮田珠己　だいたい四国八十八ヶ所
宮部みゆき　地下街の雨
宮部みゆき　R.P.G.
宮部みゆき　ここはボツコニアン　1
宮部みゆき　ここはボツコニアン　2　魔王がいた街
宮部みゆき　ここはボツコニアン　3　二軍三国志
宮部みゆき　ここはボツコニアン　4　ほらホラHorrorの村
宮部みゆき　ここはボツコニアン　5　FINAL　ためらいの迷宮
宮本輝　焚火の終わり(上)(下)
宮本輝　海岸列車(上)(下)
宮本輝　水のかたち(上)(下)
宮本輝　いのちの姿　完全版
宮本輝　田園発　港行き自転車(上)(下)
宮本昌孝　藩校早春賦
宮本昌孝　夏雲あがれ(上)(下)
宮本昌孝　みならい忍法帖　入門篇
宮本昌孝　みならい忍法帖　応用篇
三好徹　興亡三国志一～五
武者小路実篤　友情・初恋
村上龍　テニスボーイの憂鬱(上)(下)
村上龍　ニューヨーク・シティ・マラソン
村上龍　ラッフルズホテル
村上龍　すべての男は消耗品である
村上龍　龍言飛語
村上龍　エクスタシー
村上龍　昭和歌謡大全集
村上龍　KYOKO
村上龍　はじめての夜　二度目の夜　最後の夜
村上龍　メランコリア
村上龍・中田英寿　文体とパスの精度
村上龍　タナトス
村上龍　2days 4girls
村上龍　69 sixty nine
村田沙耶香　ハコブネ
村山由佳　天使の卵　エンジェルス・エッグ
村山由佳　BAD KIDS
村山由佳　もう一度デジャ・ヴ
村山由佳　野生の風

集英社文庫　目録（日本文学）

村山由佳　きみのためにできること
村山由佳　キスまでの距離　おいしいコーヒーのいれ方 I
村山由佳　青のフェルマータ
村山由佳　僕らの夏　おいしいコーヒーのいれ方 II
村山由佳　彼女の朝　おいしいコーヒーのいれ方 III
村山由佳　翼 cry for the moon
村山由佳　雪の降る音　おいしいコーヒーのいれ方 IV
村山由佳　緑の午後　おいしいコーヒーのいれ方 V
村山由佳　海を抱く BAD KIDS
村山由佳　遠い背中　おいしいコーヒーのいれ方 VI
村山由佳　夜明けまで1《ワン》マイル somebody loves you
村山由佳　坂の途中　おいしいコーヒーのいれ方 VII
村山由佳　優しい秘密　おいしいコーヒーのいれ方 VIII
村山由佳　聞きたい言葉　おいしいコーヒーのいれ方 IX
村山由佳　天使の梯子
村山由佳　夢のあとさき　おいしいコーヒーのいれ方 X

村山由佳　ヘヴンリー・ブルー
村山由佳　蜂蜜色の瞳　おいしいコーヒーのいれ方 Second Season I
村山由佳　明日の約束　おいしいコーヒーのいれ方 Second Season II
村山由佳　約束　―村山由佳の絵のない絵本―
村山由佳　消せない告白　おいしいコーヒーのいれ方 Second Season III
村山由佳　凍える月　おいしいコーヒーのいれ方 Second Season IV
村山由佳　雲の果て　おいしいコーヒーのいれ方 Second Season V
村山由佳　彼方の声　おいしいコーヒーのいれ方 Second Season VI
村山由佳　遥かなる水の音
村山由佳　記憶の海　おいしいコーヒーのいれ方 Second Season VII
村山由佳　地図のない旅　おいしいコーヒーのいれ方 Second Season VIII
村山由佳　放蕩記
村山由佳　天使の柩
群ようこ　トラちゃん
群ようこ　姉の結婚
群ようこ　でも女

群ようこ　トラブルクッキング
群ようこ　働く女
群ようこ　きもの365日
群ようこ　小美代姐《こみよねえ》さん花乱万丈《からんばんじょう》
群ようこ　ひとりの女
群ようこ　小美代姐さん愛縁奇縁
群ようこ　小福歳時記
群ようこ　母のはなし
群ようこ　衣もろもろ
群ようこ　衣にちにち
室井佑月　血《あか》い花《はな》
室井佑月　作家の花道
室井佑月　ああ～ん、あんあん
室井佑月　ドラゴンフライ
室井佑月　ラブ ゴーゴー
室井佑月　ラブ ファイアー

集英社文庫

偏差値《へんさち》70からの甲子園《こうしえん》 僕《ぼく》たちは野球《やきゅう》も学業《がくぎょう》も頂点《ちょうてん》を目指《めざ》す

2018年6月30日 第1刷

定価はカバーに表示してあります。

著 者 松永多佳倫《まつながたかりん》

発行者 村田登志江

発行所 株式会社 集英社

東京都千代田区一ツ橋2-5-10 〒101-8050

電話 【編集部】03-3230-6095

【読者係】03-3230-6080

【販売部】03-3230-6393(書店専用)

印 刷 株式会社 廣済堂

製 本 株式会社 廣済堂

フォーマットデザイン アリヤマデザインストア　　マークデザイン 居山浩二

ISBN978-4-08-745758-2 C0195